T0161678

# HISTOIRE

*Collection dirigée*

*par*

*Michel Desgranges et Alain Boureau*

# KANTOROWICZ

## Histoires d'un historien

# DU MÊME AUTEUR

*La Raison scolastique* (4 vol., Paris, Belles Lettres, 2006-2017).

*Le Désir dicté. Histoire du vœu religieux dans l'Occident médiéval*, Paris, Belles Lettres (« Histoire »), 2014.

Avec Corinne Péneau (dir.), *Le Deuil du pouvoir. Essais sur l'abdication*, Paris, Belles Lettres (« Histoire »), 2013.

*En somme... Pour un usage analytique de la scolastique médiévale*, Verdier, Lagrasse, 2011.

*L'Inconnu dans la maison. Richard de Mediavilla, les franciscains et la Vierge Marie*, Paris, 2010,

*Satan hérétique. La naissance de la démonologie dans l'Occident médiéval (1280-1330)*, Paris, Odile Jacob, 2004.

*Le Pape et les sorciers. Une consultation de Jean XXII sur la magie en 1320 (manuscrit B.A.V. Borghese 348)*, Rome, École Française de Rome, 2004.

*La Loi du royaume. Les moines, le droit et la construction de la nation anglaise, (XIe-XIIIe siècles)*, Paris, Les Belles Lettres, 2001

*Théologie, science et censure au XIIIe siècle. Le cas de Jean Peckham*, Paris, Les Belles-Lettres, 1999 (2e édition revue en 2008).

*Pierre de Jean Olivi. Pensée scolastique, dissidence franciscaine et société* (direction d'ouvrage avec Sylvain Piron), Paris, Vrin, 1999.

*Le Droit de cuissage. Histoire de la fabrication d'un mythe (XIIIe-XXe siècles)*, Paris, Albin Michel, 1995.

*L'Aigle. Chronique politique d'un emblème*, Paris, Editions du Cerf, 1985, 204 p..

*La Papesse Jeanne,* Paris, Aubier (Collection historique), 1988, p. Edition de poche (Champs-Flammarion), 1993.

*La Royauté sacrée dans le monde chrétien* (direction d'ouvrage en collaboration avec Claudio S. Ingerflom), Paris, Éditions de l' E.H.E.S.S., 1992.

*L'Evénement sans fin. Récit et christianisme au Moyen Age*, Paris, Les Belles Lettres, 1993.

*Alter-Histoire. Essais d'histoire expérimentale* (direction d'ouvrage avec Daniel Milo), Paris, Les Belles Lettres, 1991.

*Le Simple corps du roi. L'impossible sacralité des souverains français, XVe-XVIIIe siècles*, Paris, Les Editions de Paris, 1988, (rééd. en 2000).

*La Légende dorée. Le système narratif de Jacques de Voragine (+1298)*. Préface de Jacques le Goff, Paris, Editions du Cerf, 1984..

Éditions critiques des *Lecturae super Pauli Epistolas* de Pierre de Jean Olivi, Corpus Christianorum, Continuatio Medievalis, 233, 2010, de la *Lectura in Iob* de Pierre de Jean Olivi, (CCM 275), 2015, du *Traité des Démons* de Pierre de Jean Olivi, Paris, Les Belles Lettres, 2011, des *Questions disputées* et des *Quodlibets* de Richard de Mediavilla (9 volumes, Paris, Belles Lettres, 2011-2017), du *Livre des cas* de Chiaro de Florence (Paris, Belles Lettres 2017).

Traduction (dir.) *de* Jacques de Voragine, *La Légende dorée*, Paris, Gallimard (La Pléiade)

ALAIN BOUREAU

# KANTOROWICZ

## Histoires d'un historien

PARIS

LES BELLES LETTRES

2018

*© 2018, Société d'édition Les Belles Lettres
95, bd Raspail, 75006 Paris
www.lesbelleslettres.com*

*ISBN : 978-2-251-44764-3*

PRÉFACE À LA PRÉSENTE ÉDITION
*par Alain Boureau*


Ce livre[1] présente un jeu biographique très libre sur l'auteur du fameux livre *Les deux corps du roi*. Le psychanalyste J.-B. Pontalis venait de lancer chez Gallimard une collection intitulée « L'un et l'autre ». Dans cette série de courts essais biographiques, l'auteur était censé nouer et exprimer des liens personnels avec son sujet, s'y refléter ou s'y projeter. Quand J.-B. Pontalis me proposa de rédiger un de ces volumes, je pensai à Kantorowicz, mais en refusant l'idée de reflet ou de projection, que je jugeais en ce cas inadéquate. Je préférais réfléchir dans mon texte les interrogations professionnelles, plus que personnelles, que posait le récit de vie. à propos d'un homme dont le destin singulier offrait matière à quelques variations. Or Kantorowicz, de la Posnanie à Princeton, en passant par l'Allemagne de Weimar, était, par excellence, en rupture de contexte : médiéviste autodidacte, essayiste devenu érudit, réactionnaire volontaire dans les corps francs se mêlant plus tard aux

---

1. Soit la nouvelle publication aux Belles Lettres d'*Histoires d'un historien. Kantorowicz*, livre initialement paru chez Gallimard (collection « L'un et l'autre ») en 1990, puis, en édition revue et corrigée, en postface à E. Kantorowicz, *Œuvres*, Gallimard, « Quarto », 2001, p. 1223-1312. Traduction allemande : Stuttgart, Klett-Cotta, 1992 ; traduction japonaise, Tokyo, Misuzu Shobo, 1993 ; traduction anglaise par Stephen Nichols et Gabrielle Spiegel, (Johns Hopkins Press, 2001).

libéraux et marxistes américains dans la résistance au maccarthysme. En outre cet homme, sans doute plus hautain que discret, effaçait ses traces et ne s'était guère expliqué sur cet itinéraire. Pour échapper au centrage du personnage dans le paysage, je voulus éviter le psychologisme en construisant des vies parallèles, faire entrer le possible aux côtés du réel, miner le privilège de l'individu par une prolifération de personnages, empruntés à des contextes ou co-occurrences historiques ou fictionnelles. En rapprochant Kantorowicz de Toller, von Salomon, Scholem, etc., je pensais extraire l'individu de sa bulle artificielle, sans pour autant le jeter dans la multitude. Chaque micro-parallèle visait à suggérer entre le monde et mon personnage, Kantorowicz.

Daniel Milo et moi étions engagés dans une entreprise que nous appelions « histoire expérimentale ». Nous tentions de prôner et de pratiquer un « estrangement » (le terme était emprunté aux formalistes russes et à Brecht) par rapport aux sources historiques et aux normes d'explication. Il s'agissait d'*intervenir* sur les documents et les objets historiques. C'est pourquoi nous revendiquions l'expérimentation, tirée aussi bien du côté de la science que de l'art. L'explication historique se fonde essentiellement sur la corrélation ; or ces corrélations ont tendance à se livrer automatiquement à l'historien du fait d'une proximité dans les sources elles-mêmes ou en raison d'habitudes culturelles ou corporatives. En proposant de risquer des corrélations neuves, issues du hasard, de la rencontre ou d'un dérèglement systématique ou ludique, nous espérions nous libérer de ces automatismes. Mais cette ambition n'avait de sens que parce nous croyions fermement à la réalité des phénomènes historiques. L'expérience serait gratuite et vaine si elle n'aboutissait à des résultats que l'on peut comparer à d'autres et confronter aux sources. Dans l'essai sur Kantorowicz, mon emploi de la fiction se veut expérimental : il vise à miner la notion reçue de contexte non pas en la niant, mais en la faisant proliférer, donc en la rendant visible et contrôlable.

J'ai eu recours à des fictions. Il ne s'agissait pas de remplacer les lacunes de la documentation par des pièces rapportées, ni d'illustrer un moment par des vignettes analogues, mais de donner des hypothèses d'explication accompagnées de leur mode de construction, rendu explicite par la forme romanesque. En somme, je voulais passer de l'équivoque ou de l'ignorance à une incertitude contrôlée. L'épisode

romanesque présente une configuration possible sans masquer son artifice. Ainsi, quand je veux explorer les relations entre Kantorowicz et
son milieu juif d'origine, je dispose de peu de choses : lui-même n'en
dit rien ; je ne dispose que de quelques donnes factuelles sur sa famille
(lieu d'origine et de naissance : Posen ; situation socioprofessionnelle de
la famille paternelle : gestion d'une fabrique de spiritueux fondée par le
grand-père). Je peux reconstruire le contexte de vie d'une famille de vie
d'une famille juive assimilée à la nation allemande dans une province
récemment acquise par la Prusse. Mais entre ces éléments, je ne peux
pas établir d'articulation précise. D'autre part, je me méfie de l'aspect
circulaire de l'explication contextuelle : des occurrences forment un
contexte, ensuite chargé d'expliquer une occurrence. Le roman permet
de mettre à distance le contexte, sans le faire disparaître. Je convoque
donc une nouvelle de l'écrivain Ungar, *le Voyageur en vins*, qui établit
de façon fantastique et onirique la configuration complexe, réelle et
symbolique qui se noue entre la judéité, l'attrait de l'État et la condition
– ancestrale et moderne à la fois – de distributeur d'alcool. Ailleurs,
pour rendre compte de l'expérience guerrière et partisane de Kantorowicz
de 1914 à 1919, j'utilise le personnage créé par von Salomon dans *Les
Réprouvés* ; par analogie et différence, je propose des explications approchées. La fiction me sert pour le réglage des hypothèses biographiques.

Mais ce jeu n'était pas de pure méthode ; il entendait aussi retrouver
un sens dans le trajet de Kantorowicz, en partant non des maigres
données biographiques, mais des œuvres. Il s'agissait alors de retrouver
un schéma existentiel dominant, au fil des textes, en recherchant moins
le secret ou le caché que l'implicite, les *plis* d'une vie.

En effet, la formule existentielle majeure, dans cette œuvre, me
semblait être celle de l'*appartenance* : il importait à Kantorowicz
d'appartenir à une totalité souveraine, l'Allemagne, ou l'Empire, ou
l'Université. Ce désir d'appartenance, qui traduit une tension entre
l'être-dans et l'être-dehors, est à la racine de la métaphore corporelle
dans l'œuvre de Kantorowicz. Cette thématique de l'appartenance
construite me paraît, à près de trente ans de distance, faire pièce à la
désastreuse notion d'« identité ».

Paris, septembre 2017

## Visite au monument E.K.

Ernst Kantorowicz, mourant en 1963, s'est aussitôt transformé en un monument. Son testament demandait la destruction de tous ses papiers personnels et la dispersion de ses cendres dans la mer Caraïbe ; son extrême goût du secret n'avait laissé filtrer que peu de chose sur sa vie. Mais il avait achevé, quelques années avant sa mort, un cénotaphe superbe, *Les Deux Corps du Roi*, qui se confond désormais avec son auteur. Du monument, ce livre a le caractère massif, isolé et immobile, l'allure nécessaire et contingente à la fois. Peut-on imaginer Pise sans sa tour penchée ? Et pourtant, la tour ne penche que par les hasards du terrain et n'existe que par une décision humaine qui eût pu se porter ailleurs.

Le livre explique la naissance de l'État au début de l'âge moderne par une construction médiévale assez improbable qui ordonne l'idée d'une continuité souveraine de l'institution politique autour de la figure concrète d'un monarque doté de deux corps : l'un, naturel, souffre et meurt, l'autre, immortel, se transmet surnaturellement au successeur. Cette analyse, par un déplacement génial et simple, impute la naissance de l'État moderne européen à la notion de perpétuité et non plus à celle de transcendance. Kantorowicz réalisait le rêve de tout historien : faire apparaître un phénomène qui était demeuré inaperçu tout en laissant des traces observables par quiconque, construire à partir de la substance indéfiniment friable et recomposée des documents, le bloc du monument. Le monument fascine, décourage, irrite ; chacun tente d'en effriter quelque angle, ou d'y graver ses initiales d'un canif dérisoire qui signale la visite ; mais le bloc demeure, histoire entrée dans l'Histoire.

Face au monument, la seule connaissance possible paraît d'ordre archéologique : identifier les matériaux, trouver les traces du projet, les esquisses, les croquis. De fait, les matériaux ne manquent pas pour construire une biographie intellectuelle de Kantorowicz, sur un mode régressif ; la prodigieuse érudition des *Deux Corps* s'annonce dans une longue série d'articles minutieux et lumineux, dont les plus importants furent réunis en 1965, après sa mort, dans un volume de *Selected Studies*. En remontant plus haut dans la carrière de l'historien, on trouve, en 1946, une étude très technique, *Laudes regiae*, qui porte sur les acclamations royales au cours du haut Moyen Âge. Enfin, l'unité de cette œuvre se reconstitue quand on se reporte au premier ouvrage de Kantorowicz, sa fameuse biographie de l'empereur Frédéric II, publiée en 1927. Cette biographie pose clairement le problème du pouvoir charismatique du souverain médiéval : comment le jeune Frédéric, orphelin de Sicile, étroitement surveillé par le pape Innocent III, sans force militaire propre, a-t-il pu réussir à devenir le maître d'un Empire immense, de Jérusalem à Rome, de la Prusse orientale à la Sicile ? Le recours à la biographie d'un personnage exceptionnel ne pouvait résoudre cette grande question du pouvoir charismatique soulevée par Max Weber, reprise à l'époque même de la rédaction du *Frédéric II* dans *Les Rois thaumaturges* par Marc Bloch, le grand historien français qui se trouva peut-être face à Kantorowicz en 1916, dans la forêt d'Argonne, près de Verdun. Dès lors, il convenait de passer à l'étude des composantes du pouvoir royal, dans cet ordre du symbolique qui, seul, peut rendre compte du charisme. Là où Bloch interrogeait, du côté des représentations populaires, la « religion royale », les guérisons miraculeuses opérées par les souverains français et anglais, Kantorowicz étudiait l'édifice monarchique auprès des techniciens du prestige souverain : les maîtres de cérémonies et liturgistes, puis les juristes, déjà fort présents dans l'entourage de Frédéric II.

Cette lecture régressive de la vie de Kantorowicz, dans sa sécheresse méthodique, ne saurait la réduire à la banalité d'un trajet universitaire commun, tant le changement d'objets et de visées manifeste une série de déplacements inattendus, du brillant classicisme de *Frédéric II* à la minutie d'une histoire de la symbolique du pouvoir à la Percy Ernst Schramm – ce Linné allemand des signes de souveraineté –, puis à l'invention d'une méthode singulière, qui mêle tous les ordres du savoir lors de la longue élaboration des *Deux Corps du Roi*.

La suite discontinue des intérêts historiens pourrait alors coïncider, selon un ordre progressif, avec l'itinérance de l'homme Kantorowicz, commune aux intellectuels juifs de sa génération, quittant dans les années 30 l'Allemagne nazie et atteignant l'Amérique après un séjour européen. Plus que les lieux, importerait l'expérience vécue de l'histoire : le triomphe de l'hitlérisme aurait dissipé la fascination pour le charisme des chefs et pour l'Allemagne éternelle ; il aurait engendré le désir inverse d'une analyse critique des mécanismes du pouvoir.

D'une fascination analogue, Marc Bloch s'écarta par une traverse différente : il renonça à poursuivre son enquête sur les prestiges du pouvoir, pourtant ardemment entreprise. Il ne revint qu'une fois sur la question de la sacralité des souverains, dans un article sur le Saint Empire romain germanique, qui reprenait un cours d'agrégation professé à Strasbourg en 1927-1928, l'année même de la publication du *Frédéric II* de Kantorowicz, auquel il ne consacra que quelques lignes dans son « Bulletin » de la *Revue historique*. Il note : « Frédéric II lui-même est une personnalité étrange qui a beaucoup occupé les imaginations des contemporains, comme elle séduit aujourd'hui encore celles de nombreux Allemands. » Puis à propos de l'idée impériale dont s'auréolait la figure de Frédéric : « Peut-être ne serait-il pas impossible, encore aujourd'hui, de retracer ses effets dans certaines nuances, foncièrement dominatrices, du patriotisme allemand. »

Bloch avait saisi plus rapidement les dangers de la fréquentation des chefs et des héros : au terme d'une analyse qui présentait avec sympathie la profonde connivence entre les protagonistes de la religion royale – les souverains et le peuple – il tranchait le nœud charismatique avec le froid couperet d'une raison qui continue d'étonner les historiens des mentalités, amateurs d'exotismes bien sauvages et bien isolés de notre présent : « Ainsi il est difficile de voir dans la foi au miracle royal autre chose que le résultat d'une erreur collective. »

Kantorowicz demeura silencieux sur ce moment où les historiens et les foules partageaient la même fascination pour le charisme des chefs ;

seuls deux passages des *Laudes regiae*, achevées en 1939, laissent apercevoir un trouble à travers l'humour hautain de l'universitaire. Au terme
d'une étude minutieuse sur l'acclamation impériale « *Christus vincit,
Christus regnat, Christus imperat* », il consacre un bref chapitre final
à la métamorphose contemporaine de l'acclamation, qui se conclut sur
ces mots : « Un vaste champ de réflexion s'offrait au spectateur – et si
ce spectateur avait été un historien, ses méditations auraient considéré
les risques implicites à sa profession de déchiffreur du passé – qui
aurait entendu les Ballila italiens scander *"Christus vincit"*. » En 1939,
les risques inhérents à l'étude de la symbolique du pouvoir paraissent
clairs ; un des artisans du renouveau de ces études, Karl von Amira,
mort quelques années auparavant, s'était approché du nazisme, tandis
que Percy Ernst Schramm, peu de temps après son étude sur le roi
de France (1939), assumait la charge officielle d'historiographe de la
Wehrmacht. Le risque ne se réduisait pas à l'enrôlement, volontaire et
conscient dans le cas de Schramm et d'Amira, mais dans la contribution
plus sournoise à la fabrication d'un mythe ; ce que Bloch entrevoyait en
1927 se manifestait avec évidence dans les années trente : le nazisme
et le fascisme triomphèrent en partie par la rénovation des mythes.

Une note des *Laudes regiae* relie plus clairement la séduction
totalitaire au vertige éprouvé par Kantorowicz devant l'aventure des
Hohenstaufen ; elle évoque une acclamation adressée à Frédéric I$^{er}$,
le grand-père de Frédéric II, que Bloch avait déjà relevée dans son
article de 1927 : « L'acclamation de mars 1938, à la suite de l'occu-
pation de l'Autriche était *"Ein Volk, Ein Reich, ein Führer"* dont le
stemma remonte, par Barberousse, à *"Unus Deus, unus Papa, unus
imperator"*. »

Ces quelques lignes permettent peut-être de tracer une autre voie
d'accès au monument, qui aurait quelque chose d'expiatoire. Derrière la
mention des risques professionnels encourus par l'historien du pouvoir,
on suivrait alors la vie d'un intellectuel allemand nationaliste, combattant dans les corps francs à Berlin, Poznan (que Kantorowicz connaissait sous le nom de Posen) et Munich, auteur d'un livre lu et admiré
par Hitler, offert par Goering à Mussolini et qui accéderait peu à peu,
par l'ascèse érudite, à un humanisme universaliste. Le refus solennel
de prêter le serment anticommuniste aux régents de l'université de
Berkeley, en 1949, offrirait le premier gage d'une conversion ; son

issue glorieuse se trouverait dans le chapitre des *Deux Corps* consacré à Dante et à la souveraineté politique centrée sur l'homme : l'idée même d'humanité constitue alors le second corps, perpétuel et indestructible, du juste gouvernement des hommes.

Mais la visite, suivie dans le même sens chronologique, peut prendre une signification opposée : l'ensemble monumental révèle une nouvelle occurrence de l'adoration germanique et totalitaire de l'État. On observe alors que les arguments que Kantorowicz oppose au serment de Berkeley en 1949 tournent autour d'une éminence particulière de l'université, présentée comme une caste distinguée du service public ; la liberté individuelle n'y a de place qu'à la mesure d'une vertu exceptionnelle. En explorant, de *Frédéric II* aux *Deux Corps du Roi*, les grandes capacités créatrices du droit romain, aux prises avec l'Église médiévale, Kantorowicz apparaîtrait comme le dernier des gibelins, de ces théoriciens de la prééminence impériale qui liguèrent les cités italiennes contre la papauté. Dans ce parcours, la biographie du premier empereur germanique vraiment universel s'érige en stèle au jeune héros fondateur. La stèle de 1927, pure de toute référence savante, ne se transforme en livre d'histoire qu'en 1931, lorsque Kantorowicz, irrité des polémiques érudites dirigées contre son livre, fit paraître, en guise de commentaire épigraphique, un second volume exclusivement composé de notes savantes. L'érudition extraordinaire des volumes suivants ne ferait que dissimuler le gibelin sous la parure de l'historien.

Des trois processions, universitaire, humaniste ou gibeline, qui se déroulent d'un édifice à l'autre, on ne peut guère tirer de profit que liturgique : une vérité révélée – en fait une opinion – se projette sur une figure illustrative, sans égard pour elle. La réalité de Kantorowicz doit se chercher à l'écart des monuments qui lui portent ombre et ombrage.

Le projet biographique déjoue difficilement la tentation monumentale. Par définition, la biographie se fonde sur la centralité d'une vie, qui devient le point de convergence de l'histoire. La vie de Kantorowicz (1895-1963) offre une trop belle découpe dans un XXᵉ siècle qui encadre les deux guerres mondiales et la guerre froide, l'Empire allemand et le nazisme. La présente chronologie apparaît comme une des dernières périodes saisissables par l'histoire, avant les méandres de la contemporanéité. Notre personnage, dans ce découpage providentiel, appartient à l'avant-dernière génération historique des intellectuels, celle des deux cataclysmes. Il se prête donc facilement à l'illusion chronologique qui traite le sujet biographique en exemple, en échantillon. D'autre part, la biographie, pour faire sens, tend à ériger une vie en destin, à y faire travailler des causalités, des principes séminaux : tout l'homme Kantorowicz se ramènera alors aux conditions du Juif, de l'Allemand, de l'intellectuel. Le propre du monument est d'imposer les conditions de sa visite.

L'historien travaille sur deux échelles, celle des globalités collectives et lentes, et celle des singularités brusques, des événements. Une vie, dans sa minceur aléatoire, permet peut-être de saisir, sur un fond de possibles, l'invention de choix, l'engendrement du soi, l'avènement singulier. Je rêve donc d'une narration qui vide la vie de Kantorowicz de ses déterminations premières, de son passé antérieur ; je rêve d'une biographie d'homme sans qualités, qui tenterait de zigzaguer dans l'espace vide, indéterminé, entre les monuments, des plaines de la Posnanie aux campus américains. Cet essai présentera de petites narrations, qui retraceront des configurations diverses où j'espère retrouver la réalité de Kantorowicz.

En retirant Kantorowicz de la sphère générale des opinions et des conduites (réactionnaires, progressistes, allemandes, juives, universitaires), en tressant les fils de narrations partielles, sans début ni conclusion, on espère être fidèle à une façon kantorowiczienne d'écrire l'histoire. En effet, on peut distinguer deux types d'historien : l'« archéologue » qui découvre de nouvelles sources sur le passé et le « narrateur » qui combine autrement les sources disponibles. Le narrateur s'installe en un point du passé où tout est déjà là : les événements ont eu lieu, le commentaire, surabondant, a déjà été écrit, modifié, nuancé. Le narrateur s'assoit, cependant, et, gourmand de surprise, déclare : « Ce n'est point ainsi que les choses se sont passées. Je vais vous raconter. » Et il raconte l'histoire invraisemblable et vraie des deux corps ; le passé prend corps par le récit. Kantorowicz a rarement découvert de nouvelles sources ; il en a constamment croisé, mêlé, réarrangé. Il est un homme du récit et non de la question, selon l'opposition de Gershom Scholem, le grand historien de la pensée juive, une des figures des possibles disponibles pour l'homme Kantorowicz. Scholem, Berlinois, Juif, contemporain exact de Kantorowicz, choisit, dans les années vingt le départ pour la Palestine. Il narre ainsi son arrivée à Jérusalem : « J'aimerais tout d'abord raconter une petite mais véritable histoire, celle qui est arrivée à un jeune homme de ma connaissance en 1924. Vêtu du modeste manteau de la Philologie et de l'Histoire modernes, il alla à Jérusalem et chercha à entrer avec le cercle des derniers kabbalistes qui conservaient depuis deux cents ans la tradition ésotérique des Juifs orientaux. Il trouva un kabbaliste qui lui dit : "Je suis prêt à t'enseigner la kabbale, mais il y a une condition et je doute que tu puisses la remplir." Cette condition ne saurait probablement être devinée par mes lecteurs, c'était de ne pas poser de question… C'est peut-être une allusion à la tradition d'une forme de pensée "narrative" et non plus seulement interrogative, d'une "philosophie narrative" pour employer l'expression de Schelling, comme son idéal est apparu aux grands philosophes de la mythologie. » Abandonnons les questions monumentales pour le récit, pour les récits qui s'entrecroisent autour de Kantorowicz. Entrons donc dans les histoires de l'historien.

## CORPS CACHÉ

2 mars 1932. À l'hôpital d'Osnabrück, en Westphalie, Georg Friedrich Amberg sort d'un coma. Peu à peu, et malgré les dénéga-tions du personnel hospitalier qui impute son coma à un grave accident d'automobile survenu cinq semaines plus tôt à Osnabrück, Amberg retrouve les bribes de son histoire, le trauma plus récent, survenu en d'autres lieux, qui a frappé son corps et sa mémoire. Amberg est médecin. Son père, historien universitaire, avait acquis une bonne répu-tation de spécialiste du règne de l'empereur, Frédéric II. À la mort de ce père, Amberg est recueilli par une tante ; elle le dissuade de poursuivre à son tour des études d'histoire qui ont, pour elle, quelque chose d'imprécis, de superflu, en marge du monde et de la vie ; elle l'oriente, malgré son opposition, vers la pratique plus solide du droit ou de la médecine. Amberg cède et accomplit ses études de médecine à Berlin. Un hasard survenu au cours d'une démarche entreprise pour vendre les livres de son père lui fait découvrir une petite annonce offrant un poste de médecin communal dans le domaine du baron von Malchin à Morwede en Westphalie. Amberg y répond ; il se trouve que le baron a connu son père et la candidature d'Amberg est retenue. Sur le chemin de Morwede, à Osnabrück, trois signes le frappent : le nom paradoxal d'une tour médiévale de la ville (l'« obéissance civique »), puis, chez un antiquaire à la porte close, la copie d'une statue médiévale à l'expression téméraire, sauvage, presque altière ; enfin, dans la même

boutique, il aperçoit le titre d'un ouvrage poussiéreux : *Pourquoi la foi en Dieu disparaît-elle de la scène ?*

Arrivé à Morwede, Amberg est conduit immédiatement, avant même de rencontrer le baron, auprès d'un jeune garçon de treize ou quatorze ans, légèrement malade. Cet adolescent, Federico, l'étonne par sa conduite impérieuse et par sa ressemblance avec la figure médiévale d'Osnabrück. Federico, fils d'un petit artisan pauvre d'Italie du Nord, a été adopté par le baron, qui l'aime plus que sa propre fille.

Enfin, le baron reçoit Amberg et lui livre une image inattendue de son père : le médiéviste, austère et terne savant dans le souvenir de son fils, était, selon le baron, un homme du monde brillant, amateur de bons vins, semant des idées précieuses à tous les vents. Une de ces idées a engendré l'œuvre scientifique de toute la vie du baron. Quelques jours plus tard, le baron demande au médecin de pratiquer une expérience sur un patient du village, en lui faisant absorber une potion qu'il a préparée. Amberg accepte, mais, à l'insu du baron, il n'administre qu'un liquide anodin après avoir brisé malencontreusement la fiole contenant la potion.

Quelque temps après, le baron révèle à Amberg sa volonté de restaurer le Saint Empire germanique en la personne d'un descendant caché de Frédéric II Hohenstaufen : une lignée continue procédait d'Enzio, le fils favori de l'empereur, qui avait achevé sa vie dans les prisons de Bologne, où il avait épousé secrètement la fille cadette du comte gibelin Niccolo Ruffo. Les Staufen vécurent à Bergame pendant des siècles, cachés et miséreux, se transmettant pendant des générations le secret de leur origine et les deux volumes de chansons du roi Enzio. Le jeune Federico, fils d'un menuisier de Bergame, ramené par le baron douze ans plus tôt est donc l'héritier de l'Empire.

Un peu plus tard, le médecin apprend la relation qui unit les expériences scientifiques du baron et sa volonté de restaurer l'Empire : Malchin cherche la substance naturelle qui provoque la croyance, celle dont Diodore de Sicile disait qu'elle soustrayait à l'existence commune celui qui en consommait et l'élevait au monde des dieux. Après de nombreux tâtonnements, éclairé par un texte de Denys l'Aréopagite sur la « farine de Dieu », il isole un champignon parasite des céréales, appelé « neige de saint Pierre » dans les Alpes, « feu de la Sainte Vierge » en Westphalie. L'absorption de ce parasite provoqua, en 1094, un vaste mouvement pénitentiel en Italie du Nord. L'aire de dispersion du champignon, au Moyen Âge, coïncidait avec les zones successives de la ferveur chrétienne ou de l'hérésie. Le champignon perdit peu à peu sa virulence parasite, mais sa reconstitution chimique avait pu être effectuée dans le laboratoire de Malchin. Le patient d'Amberg avait expérimenté avec succès cette synthèse chimique : convoqué par le baron au lendemain de sa visite au médecin, il s'était accusé, avec beaucoup de contrition, de toutes sortes de délits. Le baron décide donc de passer à l'action, en faisant boire aux paysans du village sa neige de saint Pierre, mêlée à du schnaps, lors d'une fête fixée au 23 février 1932. Le village, retrouvant une ferveur ancienne, acclamera alors le jeune empereur Federico. Le 24 février, les paysans convergent vers le château du baron ; ils n'entonnent ni chants mariaux, ni acclamations impériales, mais, armés de fléaux, viennent, aux accents de *l'Internationale*, incendier la demeure du baron. Ils ont constitué le comité révolutionnaire des travailleurs et paysans de Morwede. La gendarmerie disperse difficilement l'émeute. Le baron meurt ; Federico retourne chez son père à Bergame, où il deviendra menuisier. L'épisode, étouffé par le gouvernement, doit être oublié, et le témoignage d'Amberg passe pour le délire d'un comateux.

Ce récit est la parabole d'un épisode de la vie de Kantorowicz. Il provient d'un roman de Leo Perutz, *La Neige de saint Pierre*, paru en 1933 et promptement interdit par les nazis. Le romancier, si proche de l'univers de Kantorowicz en 1930 – sans doute avait-il lu son livre – s'adjoint, comme Bloch ou Scholem, au paradigme des existences possibles de Kantorowicz, tout en réunissant des univers apparemment étrangers : Juif né à Prague en 1882, quelques mois avant Kafka, avec qui il partagea le même employeur et le même bureau, Perutz mourut en 1957 à Tel-Aviv, dans cet Orient qui importa tant à l'historien.

Commentons la parabole. Kantorowicz, en rédigeant *Frédéric II*, pouvait prétendre, dans une Allemagne humiliée, fragmentée, ruinée, déchirée, reconstituer une germanité universaliste. Le succès sembla couronner l'entreprise, si l'on se fie à la fortune éditoriale et universitaire : le livre fut réédité plusieurs fois, puis traduit. Il donna à son auteur, au parcours académique incertain, une chaire à l'université de Francfort en 1930. En cet empereur du XIIIᵉ siècle, aussi latin que

germanique, aussi savant que puissant, à la fois gestionnaire et visionnaire, Kantorowicz voyait le ferment d'une germanité d'essor, au-dessus
des divisions et des pesanteurs du présent. La composante nationaliste,
dans les années vingt, ne relevait pas du seul nazisme, ni même de la
droite réactionnaire ou conservatrice ; l'extrême gauche était largement
acquise au « national-bolchevisme », combinaison de marxisme et de
nationalisme. L'image collective pouvait devenir la neige de saint Pierre
d'une Allemagne cachée qui s'épanouirait au-dessus du nationalisme.
On sait quelle issue advint au mythe germanique : au lieu des fléaux
bolcheviques de Morwede, Kantorowicz rencontra les longs couteaux
de la nuit.

Le réveil fut brusque en 1933. En anticipant de peu, par sa démission (à vrai dire provisoire), une exclusion de l'université de Francfort,
Kantorowicz adressa au ministre de l'Éducation de Prusse, une lettre
qui manifeste davantage la douleur du rêve interrompu que l'indignation devant l'ignominie antisémite.

« Il me semblait que moi qui me suis engagé volontairement en
août 1914, qui ai combattu, pendant et après la guerre contre les
Polonais à Poznan, contre l'insurrection spartakiste à Berlin et contre
la République des Conseils à Munich, je ne puisse m'attendre à être
dépouillé de ma charge en raison de mon ascendance juive ; il me
semblait que par les écrits que j'ai publiés sur l'empereur Frédéric II
Hohenstaufen, je n'aurais pas besoin de garanties, ni passées ni
présentes, pour attester de mes sentiments en faveur d'une Allemagne
réorientée dans un sens national ; il me semblait que mon attitude
fondamentalement enthousiaste envers un Reich dirigé en un sens
national, allait bien au-delà de l'attitude commune, influencée par les
événements et n'était pas effritée en raison de l'actualité récente […].
Pourtant, moi, en tant que Juif, je suis contraint de tirer des conclusions
nettes de ce qui arrive et de laisser de côté mes devoirs professionnels
pour le semestre d'été. »

Ce texte met mal à l'aise le lecteur : Kantorowicz, en 1933, partage
le vocabulaire de ceux qui l'excluent. L'historien apparaît ici comme
un réactionnaire nationaliste que seule sa judéité rejette, malgré lui,

de la dérive nazie. Le livre sur Frédéric devient une pièce centrale du dispositif idéologique qu'il construit à partir de son propre parcours.

Kantorowicz est resté fidèle à cette lecture politique de son livre ; après la Seconde Guerre mondiale, il refusa de faire rééditer l'ouvrage en langue allemande – il n'avait conservé de droits que sur le texte original allemand. Il s'en justifia en disant que « le livre avait été écrit dans l'excitation des années vingt, avec tous ses espoirs en un triomphe de l'Allemagne cachée et une rénovation du peuple allemand par la contemplation de son plus grand empereur ; le livre, désormais, était déplacé et risquait de susciter un nationalisme périmé ». Mais, un peu plus tard, il se plaignait, auprès d'Ursula Küpper, veuve de son premier éditeur, qui insistait pour une réédition du livre, au sujet du contresens commis sur la portée politique de son livre, analysé par l'historien italien Ernesto Pontiere comme une manifestation prototypique du nazisme. En même temps, il invoquait la nécessité érudite d'une mise à jour dont il n'avait ni le goût ni le temps. Puis lui, qui prit tant de soins à faire détruire toute trace de sa vie personnelle, déclara à Ursula Küpper qu'elle pouvait agir comme elle l'entendait après sa mort. L'édition allemande reparut l'année même de son décès. Mais cette cohérence revendiquée et déniée en même temps n'épuise pas la réalité du texte de *Frédéric II*, où se cache une autre biographie, sans doute plus kantorowiczienne que nationaliste et allemande : à travers la narration classique à l'érudition dissimulée, se manifeste moins un demi-dieu germanique qu'un Dionysos médiéval.

Frédéric apparaît d'abord comme le *Surgi*, comme un être sans attache, une pure création de lui-même, un orphelin perdu dans Palerme « comme dans le chaos originel » ; « Frédéric, alors âgé de quatre ans, se trouva dans un monde où il n'avait ni parents ni amis véritables. » De fait le hasard avait jeté l'enfant dans un coin du monde qui irréalisait toute identité. Né en 1194 dans la marche d'Ancône, il n'obtenait de l'héritage du père, l'empereur Henri VI, mort en 1197, que la virtualité improbable de l'Empire, alors que sa mère Constance, morte en cette même année 1197, lui apportait par son ascendance de princesse normande le trône de cette Sicile où se mêlaient les Sarrasins, les Grecs et les Italiens et quelques détachements allemands et normands. L'enfant se forme par le mouvement pur : « Exactement comme le sceau royal de Sicile, Frédéric II lui-même passa de main en main. » Le

hasard creuse un vide dans l'épaisseur humaine des déterminations et
rend Frédéric perméable à tout ce qui l'entoure ; son étonnante culture
s'élabore par une saisie des chocs et des failles subis par l'Occident
méridional ; le jeune roi de Sicile est « un autodidacte typique qui
n'eut rien à devoir à personne et qui devint ce qu'il fut *sua virtute* ».

Frédéric figure aussi l'*Intempestif* ; surgi du chaos, il ne laisse
aucune postérité, aucun héritage. La puissance immense qu'il rassembla
s'écroule au lendemain de sa mort. Homme de toutes les curiosités et
de toutes les expériences, l'empereur constitue un anachronisme vivant,
en s'inventant comme prince de la Renaissance survenu deux ou trois
cents ans avant son temps. Par là, l'image de Frédéric ne fonde aucune
tradition nationale ni politique, mais agit sur l'historien comme forme
de l'Éternel Retour, comme type de l'avènement. Un autre historien
allemand, Aby Warburg, à peu près à la même époque, place au départ
d'une recherche minutieuse des filiations en histoire de l'art l'intuition
d'un retour, ou d'une persistance, de l'Antiquité à la Renaissance, de
quelques formes d'expression dionysiaques, les formes de l'Émotion
*(Pathosformeln)* ; de cette intuition naquit une pratique de l'histoire
de l'art, de Warburg à Gombrich, en passant par Saxl et Panofsky, qui
n'est pas éloignée du style historiographique de Kantorowicz, par la
combinaison de l'érudition fine et de l'attention au Neuf. Là encore, les
destins se croisent, sans se nouer : Aby Warburg, héritier d'une prestigieuse dynastie de banquiers juifs de Hambourg, abandonna à son frère
cadet la direction de la firme familiale contre la promesse de pouvoir
acquérir tous les livres qui lui étaient nécessaires ; la promesse tenue
fonda la plus belle collection mondiale d'ouvrages sur l'histoire de l'art,
qui devint, après l'exil des années trente, le Warburg and Courtauld's
Institute de Londres. Or, en 1913, Kantorowicz, après avoir obtenu son
baccalauréat *(Abitur)* effectua à Hambourg un stage commercial qui
devait l'initier aux techniques de gestion nécessaires à sa participation
aux activités de la firme familiale de liqueurs et spiritueux de Poznan.
La même puissance dionysiaque souffla sur Hambourg au détriment
d'Hermès.

Frédéric, selon la condamnation pontificale, devint l'*Antéchrist*.
Kantorowicz applique l'opposition nietzschéenne de Dionysos et du
Crucifié aux deux contemporains Frédéric et François d'Assise, déten-
teurs d'une même énergie, tendue, pour l'un, vers la « libéralité » et le

monde, pour l'autre vers la « charité » et le ciel : « Par "esprit gibelin",
on entendait tout simplement, au XIII^e siècle, cette clarté d'esprit, cet
esprit libéral appliqué aux choses du monde. »

Kantorowicz est resté fidèle par la suite à ce refus du céleste ;
les mécanismes de construction du pouvoir qu'il étudia ne reposent
jamais sur un sacré supraterrestre ; la « théologie » qui apparaît dans le
sous-titre des *Deux Corps* (« Essai sur la théologie politique au Moyen
Âge ») ne doit pas être séparée de son déterminant (« politique ») et
se pose comme résolument terrestre, comme « spiritualité séculière ».
La charge gibeline du livre sur Frédéric, malgré les lectures possibles
dans les années vingt, paraît plus antipontificale qu'antiméridionale.
La force de la construction des *Deux Corps* réside précisément dans le
passage réussi d'une souveraineté centrée sur le Christ, aux environs
de l'an mille, à une souveraineté centrée sur la Loi divinisée (époque
de Frédéric) puis sur la communauté politique elle-même.

Mais de Dionysos, Frédéric tient surtout son caractère d'*Artiste*.
Kantorowicz a noté ce fait étonnant dans la carrière de l'empereur : il
a obtenu un pouvoir immense pratiquement sans combattre, sans béné-
ficier, aux moments décisifs, d'une réelle force militaire. Son succès
provient de sa puissance de séduction : s'il réussit, « ce fut bien grâce
à une exceptionnelle faveur de la chance, aux limites du rêve et de
l'invraisemblable, et grâce aussi au charme particulier qui émanait
de sa personne ». Plus que la séduction charismatique, inaccessible à
l'historien, importe la force créatrice de l'action de Frédéric, qui modèle
la réalité et que pérennisent les archives. Frédéric transforma l'affrontement en un jeu stratégique, grâce à « l'art qu'il avait d'occuper toute
une série de positions par un seul coup habile et qu'il poussera jusqu'à
en faire une véritable virtuosité ». Ce traitement ludique de la réalité
politique se manifeste au cours de la sixième croisade et de la conquête
pacifique de la couronne de Jérusalem, mais aussi dans la différence
des politiques de l'empereur en Italie et en Allemagne. Dans un cas,
il joua la carte de l'absolutisme étatique, en confondant la personne
royale avec celle de la rationalité de la Loi ; dans l'aire allemande,
il suivit une politique exactement inverse, qui limitait l'Empire à une
instance arbitrale de neutralisation des forces adverses.

L'artiste, chez Kantorowicz, est cet individu qui peut maîtriser la
réalité sans la dénier, en lui imprimant son pli. Un bel article, écrit plus

tardivement en Amérique, évoque la souveraineté de l'artiste ; l'art, au sens médiéval, note l'historien, consiste à imiter la nature en la surpassant. L'artiste médiéval est moins figuré par le plasticien que par le juriste qui remplace la réalité par une fiction qui l'englobe et lui donne sens. Et plus que sa science exacte de l'oisellerie, que sa maîtrise des cultures latine, arabe, allemande et italienne, c'est la créativité juridique de Frédéric qui le désigne comme artiste. Le long coma d'Osnabrück chasse plus tard les souverains héroïques et dionysiaques de l'univers de Kantorowicz ; seuls y demeurent les juristes italiens dont l'œuvre secrète et cumulée produit la grande construction des deux corps du roi et de l'État de droit. Mais déjà dans *Frédéric II*, à l'ombre de l'astre se profile le double de Frédéric, Pierre de la Vigne, le logothète, le créateur du discours qui construit la fiction du pouvoir frédéricien.

Frédéric constitue donc, pour Kantorowicz, dans les années vingt, un point d'aboutissement et un point de départ, du nationalisme guerrier à l'expérience historienne singulière. La transition d'une sphère à l'autre passe par le succès de l'ouvrage, qui découle moins de son ambiguïté que de la polysémie historique de l'histoire de l'empereur. Le personnage s'élabore comme une véritable forme collective dans l'Allemagne de Weimar. Instigateur de l'ordre des chevaliers Teutoniques, il patronne l'orientation vers l'Est des groupes nationalistes et réactionnaires, issus de la Révolution conservatrice de Moeller Van der Bruck ; l'Antéchrist gibelin préside à la désignation de l'ennemi guelfe chez les nostalgiques d'une Prusse hostile au catholicisme et à l'Europe méridionale. Centralisateur, il illustre cette aspiration à l'État total qui anime Ernst Jünger et bien d'autres. Fédérateur souple d'un Empire divers, il offre sa caution aux partisans d'une germanité diffuse et particulariste. Frédéric, par sa tangence à de multiples cercles, appartenait bien au langage commun d'une époque, apte à engendrer des discours divergents, mais formellement proches.

C'est donc un lourd consensus sur le caractère bénéfique de l'image de Frédéric qui décida de l'intégration universitaire de Kantorowicz, alors que rien, dans sa vie, ne laissait attendre cette issue.

Kantorowicz, en effet, est un autodidacte de l'histoire. Il avait obtenu son baccalauréat un an avant la guerre et passé l'année 1913-1914 à Hambourg, dans l'attente possible d'une fonction commerciale dans la firme familiale. Il ne commença d'études universitaires que par les hasards de la guerre. En mai 1918, après des années passées en France, en Ukraine et en Turquie, l'armée l'affecta à Berlin, pour une formation à l'écoute des transmissions radiophoniques ; dès son arrivée, il put profiter des facilités universitaires consenties aux soldats par le ministère de la Guerre. Il s'inscrivit en philosophie à l'université Friedrich-Wilhelm de Berlin. L'armistice, puis les révolutions de Berlin et de Posnanie, en 1918-1919, ne permirent pas à Kantorowicz de donner un contenu à cette inscription. Dès le début de 1919, on le trouve inscrit à l'université Ludwig-Maximilian de Munich, pour un semestre aménagé à l'intention des anciens combattants : de janvier à avril, il suit des cours d'économie politique : il assiste à trois séminaires principaux (finances, économie mondiale et économie générale) et à deux séminaires secondaires (logique et histoire allemande de l'époque moderne). Son troisième semestre, raccourci par une maladie et par sa participation aux combats de Bavière, relève aussi de l'économie politique (économie générale, économie politique, banque et commerce, politique industrielle).

En août 1919, Kantorowicz part pour Heidelberg. Malgré le prestige ancien, renouvelé par le romantisme, de la cité rhénane, ce passage d'une université à l'autre demeure aussi mystérieux que le choix initial de Munich et de l'économie politique. Mais, cause ou conséquence, Kantorowicz y rencontre rapidement celui qui va imprimer un cours nouveau à sa vie, le poète Stefan George.

George, à cinquante ans, se trouve au faîte de sa gloire ; issu, en littérature, du milieu romantique tardif, passant par un symbolisme formel proche de celui de Mallarmé, il avait, dans les dernières années du XIX<sup>e</sup> siècle, converti son esthétisme en une attitude prophétique de poète-éducateur, appliqué à tirer les masses de la décadence par la propagation du Beau en toutes choses (éthique, vie quotidienne, langue). Selon une tendance déjà largement présente dans le romantisme allemand, cette aspiration au Beau partagé s'accompagnait d'un patriotisme lyrique qui, en 1919, exposait les disciples de George aux tentations les plus dangereuses. On en prend la mesure en ouvrant les éditions allemandes du *Frédéric II* de Kantorowicz, publiées dans la collection issue de la revue créée par George et Hofmannsthal en 1891, *Les Feuilles pour l'Art (Blätter für die Kunst)* : le sigle de la collection consiste en cette svastika indienne dont les nazis avaient inversé le sens pour produire leur croix gammée.

Le cercle fondé par Stefan George, au moment où Kantorowicz s'en approcha, existait depuis une vingtaine d'années. Les disciples et admirateurs des années 1890 s'étaient constitués en un groupe au cours de la décennie suivante. À l'occasion d'une exposition des livres publiés par *Les Feuilles pour l'Art* en 1904, la critique avait signalé l'existence d'une véritable société secrète. George et ses proches avaient protesté, en parlant d'une simple « famille », d'une « alliance ». En réalité, le cercle regroupait un petit nombre de membres (de vingt à quarante), appartenant à la bonne bourgeoisie ou à l'aristocratie, fort influents dans la fonction publique et notamment dans l'Université, malgré les anathèmes jetés par le maître contre la science séculière et la bureaucratie d'État. Un réseau éditorial (*Les Feuilles pour l'Art*, diverses collections publiées par les éditeurs Georg Bondi et Ferdinand Hirt, un *Jahrbuch* à partir de 1910) assurait la diffusion des thèmes du cercle. Des connivences de langage et de coutumes construisaient cette « Église invisible », ce « collège ». En 1907, Friedrich Wolters lança l'idée de constituer un « État » dans l'État, ce qui explique peut-être que Max Weber, en 1910, à Francfort, lors du premier congrès des sociologues allemands, ait pu présenter le cercle comme un exemple des sociétés secrètes sur lesquelles il entendait lancer une recherche. Déjà en 1908, Georg Simmel avait consacré le long chapitre v de sa *Sociologie* aux sociétés secrètes. En l'absence d'un véritable programme d'action ou de pensée, le cercle était rassemblé autour de la vénération du maître, d'un culte de la Poésie, d'une proclamation de sécession vis-à-vis de la société politique, d'une exaltation de la culture contre la civilisation, de la communauté contre la société, de l'Esprit contre la technique. La recherche de l'Allemagne éternelle et secrète orientait le cercle vers un nationalisme mystique, sans qu'un lien précis avec les groupes extrémistes s'établisse ; certes, il était de bon ton dans le groupe de brocarder la République de Weimar, mais le choix ultérieur des membres, après la mort du maître en 1933, peu après son exil volontaire, les conduisit aussi bien à l'adhésion au nazisme qu'à l'émigration ou à l'opposition : Claus von Stauffenberg, que le cercle se plaisait à imaginer en descendant des Hohenstaufen et avec qui Kantorowicz voyagea en Italie en 1924, fut l'un des comploteurs qui tentèrent d'assassiner Hitler en 1944.

Comment Kantorowicz put-il pénétrer dans un cercle aussi fermé et autarcique ? Eckhart Grünewald, qui a consacré un livre fort bien documenté aux rapports entre Kantorowicz et George, envisage trois possibilités. Kantorowicz a pu être introduit auprès du maître par sa cousine Gertrud, une des très rares femmes amies de George, qui l'accueillit dans sa revue ; Gertrud, historienne de l'art à Zurich, de vingt ans plus âgée que son cousin, traductrice de Bergson, amie du sociologue Georg Simmel pouvait apporter une caution prestigieuse au nouvel arrivant. Le guide vers le maître put être Arthur Salz, beau-frère de Kantorowicz, proche de George par son ami Friedrich Gundolf. Il faudra revenir sur l'étrange proximité entre Salz et Kantorowicz, qui, quelques mois plus tôt, s'étaient trouvés face à face dans la guerre civile menée contre la République des Conseils de Bavière. Enfin, le lien a pu être assuré par un jeune disciple de George, l'aristocrate balte Woldemar Uxkull Gyllenband, dédicataire du livre sur Frédéric, qui avait participé, comme Kantorowicz, aux combats contre les spartakistes à Berlin.

Les choix universitaires de Kantorowicz manifestent un intérêt grandissant pour l'histoire, sous l'influence probable de George et d'Uxkull, qui poursuivait une carrière classique d'historien de l'Antiquité ; certes, il n'abandonna pas l'économie politique puisque, au cours des trois semestres d'Heidelberg (hivers 1919-1920 et 1920-1921 et été 1920), il s'inscrivit à des cours sur John Stuart Mill, sur l'économie antique, sur la paix de Versailles et qu'il rédigea au début de l'année 1921 une thèse sur la nature des corporations musulmanes. Mais son directeur de thèse, Eberhard Gothein, mêlait lui-même les recherches sur l'économie moderne et contemporaine de l'Allemagne et les études plus nettement historiques ; et Kantorowicz suivit avec Uxkull le séminaire du grand historien de l'Antiquité Alfred von Domaszewski sur Alexandre le Grand.

L'appartenance de Kantorowicz au cercle de George impose une nouvelle lecture du livre sur Frédéric. En effet, le personnage de l'empereur était inscrit au programme de travail et de célébration du cercle. George avait consacré à Frédéric un poème à l'occasion de l'ouverture du tombeau impérial à Spire en 1900. Avant Kantorowicz, un autre membre du cercle, le médiéviste Wolfram von den Steinen (1892-1967), avait écrit une thèse sur Frédéric, publiée en 1922 à Berlin et à Leipzig *(Le Gouvernement impérial de Frédéric II, d'après l'examen de ses lettres)* ; en 1923, il fit paraître une traduction allemande des lettres politiques de Frédéric dans une collection jumelle de celle qui accueillit le livre de Kantorowicz (« Les travaux de l'observation et de la recherche du cercle des Feuilles pour l'Art »). Le passage par le cercle, pour von den Steinen, préludait à une fascination nationaliste qui s'exprima plus tard : en 1933, un livre sur *Théodoric et Clovis. Un chapitre de l'histoire mondiale allemande*, oppose « deux accomplissements du destin allemand ». Un autre ouvrage, consacré à *La Spiritualité du Moyen Âge*, s'ouvre sur une formule dont le rythme même décalque une acclamation célèbre du Nouveau Reich : *« Ein Reich, Eine Glaube, Eine Kirche »* (Un Dieu, une foi, une Église).

Pour Kantorowicz, une biographie qui aurait individualisé la figure mythique de l'empereur constituait une sorte de défi respectueux envers le maître qui avait lancé dans une conversation tenue avant l'arrivée de Kantorowicz à Heidelberg (mais la dévote mémoire du groupe avait certainement retenu ce dit) : « Que le Poétique soit où réside l'Individualité ; cela se produit peut-être au temps de Charlemagne, et ensuite au XVe siècle, ou bien en remontant à Dante, mais assurément pas au temps du Gothique. Que Frédéric II ni Barberousse ne soient traités en Individus. »

On ne s'arrêtera pas à cette obscure distribution de la qualité individuelle chez George, d'ailleurs partagée de nos jours par de nombreux historiens qui s'interrogent sur la « naissance de l'individu » au XIIe ou au XVe siècle ; la question n'a probablement pas de sens et relève du mythe qui assigne aux époques lointaines la coalescence exotique, la cohésion épaisse qu'on prête facilement à l'autre (prestement transformé en un « Ils »). Et ce n'est pas le moindre intérêt de l'ouvrage de Kantorowicz que de placer l'Intempestif au cœur de l'histoire.

Pourtant, ces propos bien approximatifs expliquent la fascination pour la biographie dans le cercle de George. Une véritable frénésie biographique anime le groupe : Friedrich Gundolf, le disciple préféré de George, célèbre César, Goethe et Shakespeare. Ernst Bertram s'empare de Nietzsche, Max Kommerell de Goethe et de Herder. Il s'agit d'un

véritable « retour à Plutarque » (E. Kehr). L'historien Peter Gay donne
un sens politique à cet engouement : « Les auteurs de biographies
accomplissaient un rituel ; ils n'analysaient pas, mais proclamaient
leurs héros, en les traitant en fondateurs, en juges, en surhommes,
enveloppés dans le mythe et chargés de jeter l'opprobre, par leur vie,
sur l'Allemagne du XXᵉ siècle, ce nouveau siècle de fer. »

Mais, au-delà du cercle de George, la mise en scène problématique
et thématique de l'Individu constitue un puissant trait culturel d'époque.
En 1920, paraissait le fameux ouvrage de Max Weber sur *L'Éthique
protestante et l'esprit du capitalisme*, qui plaçait au fondement des
mentalités puritaines du Nord l'individualisme pessimiste. Dans la littérature des années vingt, l'Individu se saisit comme épave ou comme roc
également infracassables dans une société dissolvante ou oppressive.
Du côté gris et triste de cette proclamation de l'Individu, on trouverait
les héros du cheminement obstiné de la littérature expressionniste (celle
de Gottfried Benn, ou d'Alfred Döblin, ou encore, en France, celle
de Céline) ; du côté exalté et lyrique du postsymbolisme, on pourrait placer, en marge de George, celui qui fut son complice, le poète
autrichien Hugo von Hofmannsthal. L'individu d'exception, envers
exact du Solitaire expressionniste, constitue la projection collective
des masses aliénées. À l'époque même où se prépare l'idée du livre
sur Frédéric, voici ce qu'écrit Hofmannsthal pour le centenaire de la
mort de Napoléon, le 5 mai 1921 :

« La relation des milliers d'êtres isolés, qui portent en eux une
semblable figure, avec cette image imaginaire qui repose sur une réalité
qui n'est pas présente, l'émotion qui en émane entre le frisson et,
malgré tout l'amour, entre la conscience d'être magiquement attiré et
la sensation d'être battu, cela ne peut guère s'expliquer. Toute cette
relation est celle de l'homme moderne avec une figure mythique
agissante. Le centre de tout cela, lorsque nous y pénétrons, est ceci :
nous pressentons une des plus grandes concrétisations de l'individu au
sens occidental, de l'individu considéré comme la fusion du domaine
de la fatalité (non de l'idéal) avec celui de la pratique. C'est dans
cette mesure qu'on peut le considérer à la fois, comme peu d'êtres
humains, des deux hémisphères de l'existence européenne : celui de
la pratique politique et celui de la contemplation spirituelle. Ainsi

devient-il justement aussi à l'égard de l'Orient, et en particulier de l'Orient européen, c'est-à-dire la Russie – symbole du titanisme européen et réellement : "quasi Alexander redivivus". Ce qui a été voulu par la Renaissance et qui a été en partie vécu, en partie pressenti par des êtres comme Frédéric II Hohenstaufen, Léonard de Vinci, Michel-Ange, redevient figure, c'est-à-dire à la fois réalité historique et symbole. Dans le symbole, tout est réuni : la toute-puissance et la chute, un admirable sens pratique et une outrecuidance presque démentielle. C'est cela qui fascine ce qu'il y a en nous de plus profondément européen, ce qui vise à tendre à l'extrême, et même consciemment, à tendre outre mesure l'énergie individuelle sans s'attacher particulièrement à l'individu et à la pratique mais sans vouloir non plus, comme l'Oriental, les mépriser et les laisser hors du jeu, au contraire, en s'efforçant de les subjuguer et de les subordonner à un plan grandiose qui frôle la transcendance. »

Frédéric, évoqué au passage par Hofmannsthal, incarnait, dans le cercle de George, une forme capitale, celle de l'« Allemagne secrète » *(das geheime Deutschland)* ; dans l'édition de 1927 du livre de Kantorowicz, un avertissement rapportait une petite liturgie du cercle : « Lorsqu'en mai 1924, le royaume italien fêta le septième centenaire de l'université de Naples, création de Frédéric II Hohenstaufen, une couronne reposait sur le sarcophage de l'empereur à Palerme, avec l'inscription : "À ses empereurs et à ses héros, l'Allemagne secrète." » En fait la couronne avait été déposée par Kantorowicz et ses amis du cercle, en pèlerinage dans la Sicile frédéricienne.

La formule, créée dans le cercle avant la Première Guerre, avait une signification plus ésotérique que politique ; assumant la charge poétique des légendes anciennes qui, partout en Europe, racontent la dormition merveilleuse d'un grand souverain, qui doit s'éveiller au moment de l'Urgence ou des temps ultimes, elle transmettait aux éveilleurs, aux poètes, et surtout au Mage la tâche de construire par l'image, par la célébration, une nation renouvelée. L'Allemagne cachée ne correspondait à aucune géopolitique réelle : elle avait son centre à Heidelberg et ses territoires d'expansion vers le sud, en Italie, alors que l'Allemagne nationaliste regardait de Berlin vers l'est, vers les pays baltes et la Russie. La descente méridionale de l'Allemagne en quête d'une force renouvelée a des racines littéraires fortes depuis Goethe et le romantisme ; le grand roman d'Achim von Arnim, *Pauvreté, richesse, faute*

*et expiation de la comtesse Dolorès* (1810), présente l'ascèse longue et
douloureuse d'une famille noble allemande en Sicile, où elle colmate
les brèches ouvertes par la Révolution française avant de retrouver la
Prusse ancestrale.

Le pèlerinage à Palerme, en avril 1924, correspond sans doute au
début de la rédaction du livre, écrit avec une rapidité confondante, si
l'on considère la masse d'érudition qu'il charrie et que le volume de
notes de 1931 permet de contrôler précisément. Ce travail d'autodidacte
avait quelque chose de magique qui dut assurer à Kantorowicz une
place particulière dans le cercle.

En écrivant le livre sur Frédéric, Kantorowicz gravissait les degrés
de l'échelle qui le conduisait à la figure du maître vénéré, à la stature
paternelle et divine. Comme lui, il dressait sa stèle au jeune héros
sans descendance, analogue au jeune Maximin auquel George avait
consacré son livre *L'Étoile de l'alliance* en 1914. On touche là une
autre biographie secrète incluse dans *Frédéric II*. À la fin de sa vie,
dans *Les Deux Corps*, Kantorowicz traita à nouveau, brièvement, de
l'empereur, dans le chapitre consacré à la royauté fondée sur la loi. La
première sous-section du passage consacré à Frédéric désigne l'empereur
comme *Pater et filius Justitiae* (le père et le fils de la Justice) ; certes,
Kantorowicz, selon sa tendance constante, met à distance ce schéma
fondamental en l'entourant de sa grande érudition : « La formulation
recherchée de ce paragraphe n'est pas authentifiée par le droit romain :
elle rappelle plutôt certaines expressions laudatives appliquées aux
princes, et peut-être aussi aux prélats, qui étaient quelquefois désignés
comme *filius et pater Ecclesiae*. Cependant la formule apparemment
paradoxale qui décrit le rapport entre prince et Justice a très facilement
pu éveiller d'autres associations dans l'esprit des contemporains de
Frédéric : ils étaient accoutumés à entendre la louange de la Sainte
Vierge comme "mère et fille de son Fils" *(Vergine madre, figlia del
tuo figlio)*, mais aussi la louange du Christ lui-même comme Père et
fils de sa mère virginale : "Je suis ton père. Je suis ton Fils", chantait
Wace, qui se faisait seulement l'écho d'un motif varié à l'infini par
un chœur entier de poètes. » Ce « seulement » sent sa dénégation, car
on peut discerner dans un texte étonnamment clair cette structure de
l'entrelacement du Fils et du Père qui anime secrètement l'œuvre de
Kantorowicz.

Ainsi, il écrivit en 1947 une belle étude sur la quinité de Winchester ; l'historien explique un étonnant dessin dans un livre d'offices copié à Winchester au début du XIe siècle ; il invente le terme de « quinité » pour définir une composition curieuse de la sainte Famille : on voit deux représentations identiques de la divinité, côte à côte ; seul un détail de posture permet de distinguer le Fils du Père. La trinité est complétée par une colombe du Saint-Esprit perchée sur la couronne de la Vierge à l'Enfant ; la seconde personne est donc représentée deux fois, comme enfant et comme « adulte ». Kantorowicz montre que la « quinité » résulte du croisement de deux traditions : celle de la binité qui représente deux souverains partageant le même trône et celle de la trinité qui suggère une nette différenciation des personnes ; le dédoublement du Christ permet de représenter à la fois son humanité et sa divinité. L'article illustre bien le génie kantorowiczien, qui réussit à associer un étonnement devant des phénomènes qui passent facilement inaperçus, ou sont relégués au rang des curiosités de second ordre, avec une énorme et puissante érudition, qui lui fait retrouver ici la généalogie d'une tradition ténue, fortement engoncée dans des contextes divers. Comme souvent, et y compris dans *Les Deux Corps*, Kantorowicz s'arrête avant de tirer des conclusions plus vastes : avec élégance, la leçon, offerte au lecteur, reste dans l'implicite. Pour le médiéviste, cette idée d'une mise au point iconographique de la binité souveraine au début du XIe siècle, fondée sur un moment historiquement situé de la réflexion trinitaire, a des applications essentielles, notamment dans le domaine politique : elle permet d'entrevoir comment s'établit, à la même époque, une transcendance de la monarchie laïque ; les rois de France, par exemple, en faisant couronner rois, de leur vivant, leur fils et successeur, disent que le Fils et le Père se confondent. Cette idée balbutiante, qui trouve un peu plus tard une expression juridique grâce au droit romain redécouvert et à son adage successoral, « Le Père et le Fils sont la même chose », ne peut se construire dans la coutume ordinaire de la succession aristocratique, ce qui a induit récemment un historien américain, Andrew Lewis, à présenter les règles dynastiques royales comme strictement homologues à celles de la noblesse, au vu de documents qui ne peuvent qu'enregistrer l'appartenance bien réelle, mais partielle, des rois à la classe noble de leur temps. Il faut lire Kantorowicz l'irréducteur.

Mais la binité nous intéresse ici par ce qu'elle dévoile de l'homme Kantorowicz, le schème fantasmatique de l'unité consubstantielle du Père et du Fils, du disciple et du maître. Kantorowicz, d'Heidelberg à Princeton, ne sort pas de ce schème ; simplement, de disciple, il devient maître. L'association masculine, exclusive de tout attachement féminin, demeure. Jamais Kantorowicz ne s'est départi publiquement de son strict discours d'historien ; jamais les membres de son cercle n'ont évoqué l'atmosphère du groupe kantorowiczien, si ce n'est par de pieuses évocations du labeur ardent. Pourtant la fin du texte sur la quinité laisse paraître une étonnante confidence sur le personnage fantasmatique du maître tendre et du disciple pur, dont la relation cristallise toutes les puretés possibles, en dépassant les virtualités du féminin. Le monde du *Bund*, du *Kreis* allemand des années vingt est si persistant que l'on peut se demander si les allures nationalistes du temps de Frédéric ne sont pas les parures contingentes de l'aspiration continue à la binité sur fond de groupe.

À la fin de sa démonstration sur la quinité, l'historien commente un autre dessin, dans un manuscrit anglo-saxon qui copie un manuscrit fort connu, le Psautier d'Utrecht. Dieu le Père y porte en son sein le Christ qui a « un âge inhabituel, n'étant ni enfant ni adulte. Il peut avoir sept, dix ou douze ans ; on ne peut pas décider ». Voici la description de Kantorowicz :

« Une figure trônant avec l'Enfant sur son giron, en soi, ne constitue pas un thème rare ni étrange. On peut voir, çà et là, un Abraham un peu raide et hiératique, tenant Lazare, mais aussi l'Enfant Jésus sur ses genoux. Mais ce sujet appartient plutôt à une époque légèrement plus tardive. On peut négliger ce thème d'autant plus aisément que le seul et unique modèle pertinent de la composition se révèle au premier coup d'œil : c'est la Madone, la Vierge Marie trônant avec le bébé sur son giron. Mais deux changements remarquables apparaissent comme une invention audacieuse de l'artiste. D'abord, le bébé n'est plus un bébé, un "Enfant Jésus". Il est trop grand pour dépendre de sa mère ou pour se tenir sur son giron. Sa nourriture ne se réduit plus au lait du sein maternel. Il a cessé d'être ce qu'il était, le "fils de Marie". Pourtant, il n'est pas encore le Maître, le Christ adulte, le seigneur de Marie, bien que son jeune âge ne nous permette pas d'oublier complètement que l'Enfant est né en sa chair d'une mère mortelle. Cette impression, cependant, est contrebalancée ou même éclipsée par un second changement effectué par l'artiste. La place de la Mère a été prise par le Père. La naissance *in carne* a été complétée et remplacée, bien visiblement, par la *generatio in spiritu*, comme il convient à l'âge du garçon. Si jamais une *génération par l'esprit* a été montrée de façon convaincante, et d'une façon délicieuse et émouvante, c'est bien dans ce dessin anglo-saxon. La délicatesse des sentiments qu'il manifeste fait paraître la plus délicate des Madones quelque peu vulgaire, avec son résidu de *christotokos*. La scène qui présente le Fils dans les bras du Père a cette touche de pureté et de chasteté insurpassées, cette touche de tendresse aimante qui diffère de celle d'une mère et l'englobe en même temps. Bien plus, elle a cette touche de simplicité sans rusticité, de cette beauté simple et de cette passion entière qui nous sont si familières grâce aux figures des vases grecs et aux vers des poètes lyriques grecs anciens. »

La genèse de l'analyse géniale des deux corps du roi, si rigoureuse dans sa construction historique passe donc peut-être par cette exaltation fantasmatique d'une génération par l'esprit qui repousse avec horreur, jusque dans la conception virginale, l'image de l'enfantement dans la chair, et dans le corps maternel. « Bien que le roi ait ou prenne la terre en son corps naturel, pourtant, à ce corps naturel est conjoint son corps politique qui contient son état et sa dignité royale ; et le corps politique inclut le corps naturel, mais le corps naturel est l'inférieur, et avec lui le corps politique est consolidé. De telle sorte qu'il a un corps naturel, paré et investi de la dignité et de l'état royal ; et il n'a pas un corps naturel distinct et séparé de l'office et de la dignité royale, mais un corps naturel et un corps politique ensemble indivisibles. » Tel est le texte rapporté par le juriste anglais Plowden qui ouvre la longue recherche des *Deux Corps*.

Kantorowicz eût-il pu saisir, dans l'amas inarticulé de sources, l'importance politique de la distinction élisabéthaine, opérée par les juristes de la Souveraine vierge, entre le corps qui souffre, qui se corrompt et le corps inaltéré de la souveraineté transmise, s'il n'y avait projeté l'obsession ancienne de la tradition secrète qui fait passer l'esprit, ou l'Allemagne secrète du mage rhénan au Juif de Posnanie, par une légitimité puissante et pure ?

La narration qui met en scène la vision face à face du Père et du Fils doit certainement se compliquer de récits adventices qui brouillent cette scène finale ; le maître peut trahir : le pape Innocent III, tuteur de Frédéric dans ses années orphelines à Palerme, protecteur au savoir et à l'habileté immenses s'est retourné contre son pupille. Le disciple favori de Frédéric adulte, son double secret, le grand Pierre de la Vigne, le trahit, à la fin de sa vie, dans des circonstances mystérieuses et inexplicables. Les fils de l'empereur, contre leur propre intérêt, complotent contre le père. Il faudra rendre compte de cette tension entre la scène de l'Identité et le processus de la Séparation.

La neige de saint Pierre avait bien fait son effet, non pas dans le domaine collectif, mais dans le cercle étroit de ses utilisateurs ; certes Malchin-George était bien mort en Suisse en 1933, peut-être du désespoir causé par les formes prises par ce « Nouveau Règne » *(Neue Reich)* qu'il appelait dans son livre ainsi intitulé en 1928, mais Federico-Kantorowicz avait pu inscrire son corps naturel d'Allemand des marches dans le corps politique d'une idée inlassablement poursuivie, logée dans le projet qu'avait autorisé son livre.

Ce corps naturel, avant 1919, avait déjà vécu d'autres inscriptions narratives, d'autres fictions, au cours de la guerre des sujets et du sujet au sein de l'Empire aboli.

# INCORPORATION

Pendant près de cinq ans, du 8 août 1914 au 1ᵉʳ mai 1919, Ernst Kantorowicz est un combattant. Dès la déclaration de la guerre, il s'engage, à l'âge de dix-neuf ans dans le 20ᵉ régiment d'artillerie de campagne de la province de Posnanie. Il fait ses classes jusqu'à la mi-septembre 1914 et acquiert la compétence de servant de canon, de pointeur, puis de chef de pièce. Le 17 septembre 1914, il arrive sur le front occidental, entre Verdun et Saint-Mihiel, où il subit un assaut français dès le 21 septembre. Puis, avec son régiment, il se trouve à Calonne, aux Éparges (juin 1915), sur les côtes lorraines. À partir d'avril 1916, il combat à Verdun (Thiaumont, Fleury, Douaumont, Fort Souville). Là il est pris dans une attaque par les gaz et il est blessé le 21 juillet 1916. Durant cette première phase de la guerre, il gravit les échelons de la hiérarchie militaire : caporal (mars 1915), sergent (juin 1915), adjudant (octobre 1915). Il reçoit la croix de fer de deuxième classe et plusieurs citations.

Après sa blessure, Kantorowicz est versé dans la réserve et transféré sur le front de l'Est en Ukraine (janvier-février 1917). Puis on l'affecte en Turquie à la construction du chemin de fer de Constantinople à Bagdad, sur l'itinéraire de Konya à Alep. Dans la petite équipe allemande de trois cents hommes, Kantorowicz fait fonction de sous-officier de liaison. En mai 1918, il bénéficie d'une permission à Berlin, avant d'y reprendre du service durant l'automne 1918, aux écoutes et au déchiffrement des messages alliés de l'Ouest, puis dans une école militaire d'interprétariat. Peu de temps après sa démobilisation en novembre 1918, à vingt-trois ans, il retourne dans sa ville natale de Poznan et s'engage dans les corps francs qui disputent aux troupes polonaises le contrôle de la Posnanie, dont le sort ne sera réglé que graduellement, à partir du plébiscite de mars 1920. La victoire du soulèvement polonais de décembre 1918 le ramène à Berlin, où il rejoint les corps francs qui écrasent l'insurrection des spartakistes en janvier 1919. Quelques semaines après, on retrouve Kantorowicz dans la Volkswehr qui prend d'assaut la République des Conseils de Bavière, le 1er mai 1919. Au cours de cette attaque, il est à nouveau blessé.

Ce bref sommaire de la vie guerrière de Kantorowicz a la forme d'une chronique et non d'un portrait, parce que nous ne disposons sur ces années que de secs documents, de type administratif, tels qu'ils sont reportés sur un *curriculum vitae*. De la participation à la répression du spartakisme, nous ne connaissons même que la brève mention par Kantorowicz lui-même dans sa lettre de démission de l'université de Francfort. Mais il ne commenta jamais cette période de sa vie : aucune lettre, aucun journal, aucune allusion dans son œuvre n'en rend compte.

Pourtant, à lire cet itinéraire, d'un front à l'autre, de la marche de l'Est au combat interne, à suivre cette frénésie combattante, on reconnaît une figure, une image, celui du partisan prussien, qu'a fait connaître l'œuvre d'Ernst von Salomon, tout entière consacrée à la défense et à l'illustration de son parcours de combattant nationaliste, trop réactionnaire pour adhérer à un nazisme entaché de populisme à ses yeux. Dans *Les Réprouvés*, publié en 1930, von Salomon évoque son combat dans les corps francs de la Baltique, puis dans la lutte anticommuniste, en un tableau saisissant de confusion et de fureur ; le partisan y apparaît dans sa pathologie de guerrier chronique, enchaîné à sa fratrie sanglante et aux lambeaux du discours patriotique :

« Car la patrie était en eux et en eux la nation. Ce que nos voix proclamaient, ce dont nous nous vantions devant le monde, avait revêtu chez eux un sens secret ; c'était pour cela qu'ils avaient vécu, c'était cela qui leur avait commandé de faire ce que nous nous plaisions à appeler le devoir. Subitement, la patrie était en eux, elle avait changé de place, elle avait été saisie par le tourbillon gigantesque des dernières années et emportée au front. Le front, c'était leur pays, c'était leur nation, c'était leur patrie. Et jamais ils n'en parlaient. Jamais ils n'avaient cru aux paroles. Ils ne croyaient qu'en eux-mêmes. La guerre les tenait, la guerre les dominait, la guerre ne les laisserait jamais échapper et jamais ils ne pourraient revenir ni nous appartenir tout à fait. Ils auront toujours la guerre dans le sang, la mort toute proche, l'horreur, l'ivresse et le fer. Ce qui se passait maintenant, ce retour, cette rentrée dans le monde paisible, ordonné, bourgeois, c'était une transplantation, une fraude, et qui ne pouvait pas réussir. La guerre est finie : les guerriers marchent toujours. Et parce que le peuple allemand est tiraillé entre mille désirs, mille tendances et formé d'une multitude d'éléments divers, eux, les soldats, poussés par une force incontrôlable, basculeront, qu'ils le veuillent ou non, dans le chaos de la révolution. Dispersés, ils ne seraient qu'une poignée de mécontents. Unis, ils constituent une puissance redoutable. La guerre n'a pas apporté de réponse, elle n'a amené aucune décision ; les guerriers marchent toujours. »

La prose de von Salomon, compacte et massive, rend peut-être moins bien compte de l'ivresse titanesque du guerrier que la phrase syncopée de Céline, aussi sûrement dérivée de l'expérience de 1914-1918. Mais pour saisir le rythme de la violence machinique qui scande la marche du soldat du grand massacre, il faudrait plutôt lire les expressionnistes pacifistes, Gottfried Benn et surtout Klabund (Alfred Henschke) qui rédigea, en pleine guerre, en 1915, un étonnant petit roman, *Moreau*, qui personnifie la guerre, à partir de la figure, froidement décrite, du général français, révolutionnaire, passant du service de Napoléon à celui de son ennemi l'empereur de Russie, possédé, de l'enfance à la mort, par une compulsion de haine et de meurtre.

Pour donner quelque réalité à cette silhouette hallucinée du guerrier en marche vers l'Est et la faire coïncider avec l'existence concrète d'un jeune bourgeois de Poznan, il faut superposer à l'expérience brutale de la guerre la légitimation proprement prussienne du personnage du partisan ; Mirabeau et Michelet l'ont dit : la Prusse est une armée qui est devenue un État. Plus précisément, l'invasion de la Prusse par Napoléon a suscité une théorisation, plus qu'une pratique, de la guerre de partisan. Carl Schmitt, dans sa *Théorie du partisan* (1962) attribue un rôle fondateur à l'édit royal du 21 avril 1813 qui organise la milice territoriale *(Landsturm)* : « Tout citoyen, dit cet édit, a le devoir de s'opposer à l'invasion de l'ennemi au moyen d'armes de toute espèce. L'emploi de haches, de fourches et de fusils de chasse y est explicitement recommandé [...]. Le combat est fondé sur la légitime défense "qui justifie tous les moyens", y compris le déchaînement du désordre total.» Cette exaltation de la guerre patriotique à tout prix trouva des relais ou des précurseurs prestigieux du côté des théoriciens de l'art militaire (Clausewitz, Scharnhorst) et des philosophes et poètes (Fichte, Kleist). Dans Poznan, ville de la marche de l'Est, ville de garnison, l'idéologie du partisan demeurait sans doute vive au début du XXᵉ siècle.

La cohérence de la figure du partisan peut alors se consolider, d'autant que le roman de von Salomon permet peut-être de comprendre une des énigmes de la vie de Kantorowicz. En effet, le héros des *Réprouvés*, après sa folle course guerrière vers l'Est baltique, revient à Hambourg, toujours plein de fureur nationaliste, mais indécis quant à la direction du combat à mener ; la fratrie des bandes guerrières ne trouve guère de substitut dans les associations patriotiques : « Nous entrâmes [...] dans dix-huit associations. Partout où il y avait un jeune homme en révolte contre ces sentimentalités patriotiques sous lesquelles les gens finissaient par s'encroûter, contre les discours filandreux que débitaient infatigablement des vieillards vénérés et des coryphées à barbe blanche, nous allions vers lui et nous le convertissions à notre cause. » Les partisans en marche manquent d'un discours qu'ils croient trouver dans cette économie politique à laquelle se consacra Kantorowicz à Munich, pour son premier vrai semestre d'étudiant en 1919 : « Pendant quelque temps, l'économie politique m'attira. "Nous n'avons pas la moindre idée, déclarai-je, des nécessités et des lois économiques, nous discourons absolument en aveugles. Nous avons encore, dis-je, énormément à apprendre." Je me mis à fréquenter assidûment les cours de l'université populaire et de l'université tout court, je m'achetai même des livres remplis de statistiques, d'annotations et d'indications bibliographiques. »

La suite du récit donne même une interprétation possible du déplacement de Kantorowicz de Munich à Heidelberg, en août 1919, et de la rencontre avec Stefan George : « Puis j'eus la marotte de la religion. "Le renouvellement, dis-je, doit être lié à la ferveur religieuse. Ne serions-nous pas religieux ? Nous n'en savons rien. Et pourtant, poursuivis-je gravement, ce que nous faisons est d'essence religieuse. Nous sommes des chercheurs, pas encore des croyants." Et j'allai dans les églises catholiques et dans les temples protestants ; de la synagogue, je fus, hélas, expulsé. Je me laissai prendre à l'enthousiasme sonore du prédicateur de l'église Saint-Paul, j'éprouvai le frisson du mystère divin à la grand-messe du Dôme ; sur le Taunus, en compagnie de jeunes éphèbes, j'invoquai le soleil, je discutai avec des jeunes de toutes les confessions, enfin, j'échouai auprès de Nietzsche, je me désespérai, je m'enivrai, et je déclarai qu'il fallait aller au-delà du surhomme. La littérature, dis-je […]. Sais-tu bien que nous ignorons complètement à quelles racines spirituelles nos actes se nourrissent. Si nous voulons connaître le germanisme, […] il nous faut conquérir les œuvres dans lesquelles il se reflète. »

Ce portrait de Kantorowicz en partisan ne peut cependant convaincre totalement ; son modèle demeure une reconstruction littéraire, qui, en sus de sa dimension apologétique, simplifie nécessairement la réalité biographique. La figure du partisan découpe une vignette dans le continuum de la vie, de 1914 ou de 1917 (moment de prise de conscience de la défaite et de la division interne de l'Allemagne) à 1919. Les événements, raréfiés par la discontinuité et la sécheresse des sources, forment une série qui se disperse quand on revient, par un changement d'échelle, au détail du vécu, aux circonstances.

Ainsi, le passage de Berlin à Munich, en janvier 1919, peu après la semaine sanglante berlinoise et l'assassinat de Rosa Luxemburg et de Karl Liebknecht (15 janvier) a l'allure d'un transfert de front dans la guerre civile, puisque les deux villes constituèrent, à quelques mois d'intervalle, les principaux pôles de la révolution allemande. Pourtant, l'arrivée de Kantorowicz en Bavière relève d'autres enchaînements d'événements ou du hasard. En effet, en janvier 1919, la situation à Munich paraît confuse mais calme. Le roi de Bavière Louis III de Wittelsbach perdit sa couronne le 7 novembre 1918 lorsqu'une insurrection installa un gouvernement provisoire gouverné par le socialiste indépendant Kurt Eisner. Une Diète nationale, élue le 12 janvier 1919, mit en minorité le parti socialiste indépendant (2,5 % des suffrages), créé à la fin de la guerre par une scission au sein du parti social-démocrate, sur une ligne pacifiste et ouvrière ; cependant, le charisme personnel d'Eisner et des dirigeants de la révolution de novembre maintint au pouvoir leur gouvernement, élargi aux sociaux-démocrates (représentant le tiers de l'électorat bavarois). Jusqu'à la fin de février, la situation semblait donc moins tendue que dans beaucoup d'autres États allemands, notamment en raison de la faiblesse locale des communistes du mouvement spartakiste. Ailleurs, l'Allemagne s'embrasait : le combat spartakiste continuait à Berlin et dans beaucoup d'autres villes ; des Républiques des Conseils étaient proclamées à Bade, à Brunswick ; la grève générale paralysait Leipzig et la Thuringe. En revanche, à Munich, la majorité des conseils ouvriers suivait la ligne socialiste de gauche, souvent d'inspiration anarcho-syndicaliste. Les choses changèrent brusquement quand Kurt Eisner fut assassiné le 21 février par un aristocrate exalté, le comte von Arco Valley, et que le parti communiste, au début de mars, dépêcha, de Berlin, Eugen Leviné, afin de donner un tour révolutionnaire au mouvement des conseils ouvriers. Pourtant, la guerre civile ne menaçait pas immédiatement ; un accord conclu à Nuremberg entre les sociaux-démocrates et les socialistes indépendants permit, le 18 mars, la constitution légale, sanctionnée par la Diète, d'un gouvernement dirigé par le social-démocrate Hoffmann, qui avait été le ministre des Affaires militaires d'Eisner. L'instauration de la première République des Conseils de Bavière sous la direction de militants proches d'Eisner, comme Mühsam, Landauer et Toller, le 7 avril 1919, se fit contre l'avis de Leviné et sans la participation des communistes ; elle semblait plus procéder d'une tactique de pression sur le gouvernement Hoffmann que d'une volonté insurrectionnelle. Mais le départ d'Hoffmann pour Nuremberg, puis pour Bamberg, la radicalisation des Conseils entraînèrent la proclamation d'une seconde République des Conseils, sous la direction spartakiste de Leviné, le 13 avril 1919. La période vraiment révolutionnaire de la crise bavaroise ne dura donc qu'une quinzaine de jours et, après une période d'observation et d'escarmouches, le gouvernement Hoffmann, assisté de troupes de corps francs, donna l'assaut à Munich le 1er mai 1919. Il est probable que la participation militaire de Kantorowicz à la répression se fit dans les rangs de la Volkswehr, assemblée par Hoffmann au cours du mois d'avril ; l'université de Munich, très orientée à droite, dut fournir de larges contingents de soldats improvisés au gouvernement d'Hoffmann.

Il reste à comprendre les raisons de l'inscription de Kantorowicz à l'université de Munich. Sans doute faut-il faire intervenir d'autres circonstances, familiales, qui achèvent de lézarder l'image du partisan en marche. En effet, en 1919, le beau-frère de Kantorowicz, Arthur Salz, époux de Sophie, sœur aînée (née en 1887) d'Ernst, occupe un poste de professeur d'économie nationale à l'université de Munich. Or, nous avons la trace indirecte de l'influence de Salz sur son jeune beau-frère, ou du moins de son intervention sur ses choix. Né en 1881 (il a donc quatorze ans de plus qu'Ernst) en Bohême, Salz, bien qu'ayant étudié à Munich et enseigné à Heidelberg avant 1914, relevait de l'Empire austro-hongrois ; il commença la guerre comme conseiller de l'armée turque, puis comme assistant du plénipotentiaire austro-hongrois à Constantinople ; il y devint l'ami d'Ahmed Djemal Pacha, commandant de la IV$^e$ armée turque. En septembre 1917, Salz remplissait la fonction d'expert économique pour la reconstruction de l'Anatolie. Il ne fait donc aucun doute que l'affectation de Kantorowicz en Turquie soit due à son beau-frère, à qui il faut sans doute imputer le choix de la discipline économique et de l'université de Munich. On se souvient aussi que ce fut peut-être Salz qui présenta Kantorowicz à Stefan George. Pour avancer encore dans les conjectures familiales, la mort, à Berlin, du père d'Ernst, en février 1919, quelques mois avant le transfert de la firme familiale de Poznan à la capitale prussienne, pourrait faire d'Arthur Salz la figure transitionnelle du père naturel au père rêvé, Stefan George, de la Posnanie à l'Allemagne.

Cependant, le croisement des traces familiales et politiques et le manque de tout commentaire laissent entier le mystère de l'engagement politico-militaire, nationaliste et réactionnaire de Kantorowicz : Arthur Salz, son mentor, était un homme de gauche. Ce fut lui qui cacha, chez lui, puis dans l'appartement d'un ami, le dirigeant de la révolution bolchevique de Munich, Eugen Leviné, après la victoire d'Hoffmann, alors que sa tête était mise à prix. Rose-Marie Leviné, la veuve d'Eugen, dans les souvenirs qu'elle a rédigés en hommage à sa mémoire, n'épargne aucun des compagnons du dirigeant, et en particulier Ernst Toller ; mais elle rend un hommage appuyé à Salz, bien qu'il ait manifesté une grande colère en apprenant que l'homme qu'il cachait avait laissé se perpétrer l'exécution de dix otages « blancs » au lycée Luitpold, le 30 avril. Leviné et Salz furent arrêtés le 13 mai et immédiatement jugés. Pour compliquer encore un peu la situation de Kantorowicz, il faut noter que parmi les rares et courageux personnages qui envoyèrent au gouvernement Hoffmann une incitation à la clémence en faveur de Leviné, figure Eberhard Gothein, qui sera, un peu plus tard le directeur de thèse de Kantorowicz à Heidelberg. Le tribunal acquitta Salz et condamna à mort Leviné, qui fut exécuté le 5 juin 1919.

Sur qui donc tirait Kantorowicz en mai 1919 ? Que voulait-il tuer ?

Le texte de von Salomon, ici encore, suggère une analogie. Le héros rapporte la fascination ambivalente éprouvée à la lecture d'un livre de Walther Rathenau, grand homme d'affaires et d'État, théoricien d'une nouvelle économie politique : « Les premières phrases du livre où il était souligné qu'il s'agissait ici de choses matérielles mais traitées du point de vue spirituel, me remplirent d'un bizarre contentement ; c'était justement cela qu'il me semblait bon et utile de lire à l'heure présente […] je fus captivé par ce message de la transfiguration du divin par l'esprit humain. » Mais cette fascination doit s'expier comme attachement à un passé : « Les conclusions de ses paroles, on pouvait les entendre proposer dans les rues : souveraineté du peuple, démocratie – depuis longtemps ces mots roulaient voluptueusement dans la bouche des bien nourris, ces mêmes mots dont un homme profondément solitaire reconnaissait maintenant ici la noble énergie, mais trop tard, hélas, pour la foule qui était là dehors. » Quelques années plus tard, le héros de von Salomon participe à l'assassinat de Rathenau ; son complice commente la décision : « Le sang de cet homme doit séparer irréconciliablement ce qui doit être séparé à jamais. » En 1922, Ernst von Salomon fut effectivement un des assassins de Walther Rathenau.

Cet investissement passionnel dans la science économique peut surprendre ; mais, dans les années d'après-guerre en Allemagne, l'économie apparaît, à droite aussi bien qu'à gauche, comme le lieu du renouveau. « L'avenir c'est l'économie », disait Rathenau. Le vide politique et national qui avait succédé à la défaite et à l'abdication de l'empereur devait se remplir des contenus et des lois de l'économie, déléguée à la définition du lien communautaire.

Ernst Jünger, à la pointe de son combat réactionnaire, en 1930, dépeignait sous le nom de « mobilisation totale » le pouvoir englobant de la production économique dont la guerre était la face externe :

« L'image de la guerre, et qui la représente comme une action armée, s'estompe de plus en plus au profit de la représentation bien plus large qui la conçoit comme un gigantesque processus de travail. À côté des armées qui s'affrontent sur le champ de bataille, des armées d'un genre nouveau surgissent ; l'armée chargée des communications, celle qui a la responsabilité du ravitaillement, celle qui prend en charge l'industrie d'équipement – l'armée du travail en général [...]. L'exploitation totale de toute l'énergie potentielle, dont on voit un exemple dans ces ateliers de Vulcain construits par les États industriels en guerre, révèle sans doute de la façon la plus significative qu'on se trouve à l'aube de l'ère du Travailleur, et cette réquisition radicale fait de la guerre mondiale un événement historique qui dépasse en importance la Révolution française. »

À Weimar, Rathenau, grand commis plutôt conservateur, présentait un projet de « communauté de travail », qui devait « montrer des voies qui mènent de l'actuelle mentalité économique à une construction fondée sur une mentalité communautaire ». Rosa Luxemburg, à Berlin, affinait la doctrine marxiste du côté de l'économie : en prison, puis aux soirs du combat, elle s'appliquait à rédiger l'*Introduction à l'économie politique*, que son assassinat laissa inachevée. À Munich, les grands sociologues et économistes, dont Max Weber, prophétisaient et légiféraient. Le principal conseiller économique d'Eisner était Otto Neurath, universitaire marxiste, qui fut plus tard, dans les années trente, un des plus importants représentants du cercle de Vienne et du positivisme logique. Neurath se chargea de socialiser l'économie bavaroise et lança l'expérience de fermes d'État entièrement collectivisées.

Or Arthur Salz, le protecteur et le beau-frère de Kantorowicz, participait à ce mouvement de conversion de l'économique au politique. On a bien oublié son œuvre, mais il se fit connaître par sa thèse, publiée en 1905 à Stuttgart, sur l'histoire et la critique de la théorie du fonds salarial. Cette théorie, qui naquit dans les milieux mercantilistes du XVIII$^e$ siècle (essentiellement chez Smith), puis se développa dans la pensée libérale du XIX$^e$ siècle (Ricardo, Malthus, Stuart Mill) concevait le capital comme une « avance », une réserve permettant de financer les stocks, les outils et les salaires nécessaires à la production. Dès lors, le niveau de salaire dépendait exclusivement de deux facteurs : le volume du capital et le jeu de l'offre et de la demande en main-d'œuvre. Un accroissement de population active produisait, pour un capital fixe, soit le chômage, soit une baisse des salaires. Le rejet de cette théorie se faisait donc, dans l'œuvre de Salz, sur une ligne favorable au syndicalisme et à la concertation entre employeurs et ouvriers. La dimension politique de l'économie de Salz se porte sur les questions nationales, quand il publie en 1909 à Prague une petite étude sur *Wallenstein comme mercantiliste*. Le duc de Wallenstein, haute figure légendaire chantée par Schiller, avait tenté, au début du XVII$^e$ siècle, de fonder une nouvelle indépendance de la Bohême, possession des Habsbourg, en mêlant hardiment l'action militaire (au service de l'empereur catholique, puis contre lui) et des pratiques économiques audacieuses. L'austère science économique fournit donc l'Allemagne du début du XX$^e$ siècle en héros et en thèmes mobilisateurs. Kantorowicz, en s'engageant contre le parti de Salz, choisit peut-être l'Empire, l'État, la hiérarchie, la fratrie guerrière contre les nations, les Conseils, la solidarité, la tribu sororale (la sœur Sophie, la cousine Gertrud). Sa thèse sur les corporations arabes poussera sur le terrain académique la quête de la hiérarchie paternelle, déniée par Salz et promise en la figure de George, pourtant atteint par l'intermédiaire des femmes de la tribu.

Cette configuration d'opposition entre le savoir sororal et la puissance paternelle correspond assez exactement à la formule du nationaliste extrémiste Julius Langbehn, proférée dans les années 1890 : « Il est incontestable que, dans le mariage entre la Prusse et l'Allemagne, le rôle de l'homme incombe à la Prusse. Mais il est presque aussi certain que les dons intellectuels proviennent le plus souvent de la mère. » Jusqu'en 1919, c'est la « patrie », prussienne, paternelle, qui semble conduire Kantorowicz au feu.

L'idée de patrie, englobée ensuite dans celle de fratrie, réapparaît pourtant cinquante ans plus tard, dans un article écrit en 1949 pour une conférence en Californie, et reproduit dans les *Selected Studies*, « Mourir pour la patrie *(Pro patria mori)* dans la pensée politique médiévale ». Le texte s'ouvre effectivement sur une évocation de la guerre de 1914, par le biais d'une déclaration ultrapatriotique du cardinal Mercier, primat de Belgique, qui, dans une lettre pastorale, assimilait le soldat qui meurt pour sa patrie à un martyr.

Trente ans après la fin des combats, Kantorowicz, au prix de cette immense érudition qui le caractérise, tente de comprendre cette manifestation de l'absolu au service d'une cause immanente et abstraite. De l'autre côté des tranchées, Marc Bloch, on l'a dit, s'était posé la même question. L'historien français, dans sa vie personnelle, a manifesté un extraordinaire héroïsme médité et réfléchi : il reprit du service en 1940, alors que son âge l'en dispensait et, après la défaite, il s'engagea dans la Résistance qui le mena à la mort. Pourtant, il dissocie l'idée de patrie des causes plus immédiates de la bravoure guerrière, liées à la morale pratique du groupe, comme il l'avait dit dans ses *Souvenirs de guerre*, rédigés dès 1915 : « La plupart des hommes craignent d'aller au feu, et surtout d'y retourner ; une fois qu'ils y sont, ils ne tremblent plus. Je crois que peu de soldats, sauf parmi les plus intelligents et ceux qui ont le cœur le plus noble, lorsqu'ils se conduisent bravement, pensent à la patrie : ils sont beaucoup plus souvent guidés par le point d'honneur individuel, qui est très fort chez eux, à condition qu'il soit entretenu par le milieu : car si, dans une troupe, il y avait une majorité de lâches, le point d'honneur, ce serait bientôt de se tirer d'affaire avec le moins de mal possible. » On comprend que le grand ouvrage de Bloch, après la Première Guerre, *Les Rois thaumaturges*, traite de la constitution, par le « milieu », d'une conduite d'imitation et d'adhésion, qui entraîne l'assentiment à un chef, le roi. Kantorowicz use d'une autre voie d'analyse, qui se développera pleinement, un peu plus tard, dans *Les Deux Corps du Roi*. Il tente d'observer, dans son article, la constitution d'un idiome partagé, qui produit, comme par une sorte de nécessité langagière, l'énoncé « Mourir pour la patrie ».

L'énoncé se décompose en éléments atomiques, analysés dans l'immense durée de leur production séparée. Le mot *patria*, dans l'Antiquité grecque et romaine ne désigne que la cité. La transcendance de la notion de patrie passe par son usage mystique, c'est-à-dire métaphorique, dans le christianisme des premiers siècles : le ciel, mérité et obtenu par le martyre, devient la patrie céleste. La redescente du ciel sur terre s'effectue au XII^e ou XIII^e siècle, quand se constitue un réceptacle : le royaume terrestre et national, ou la « couronne » « tenue pour le symbole visible d'une communauté territoriale nationale », susceptible de recueillir cette énergie émotionnelle cristallisée dans le mot « patrie ».

L'articulation entre « patrie » et « mourir », localisée dans le « pour »
*(pro)* se construit, à peu près à la même époque, lorsque les souverains
commencent à justifier leurs prélèvements fiscaux par l'allégation d'un
but commun (« pour la défense du royaume », « pour les besoins du
royaume ») : « À la fin du xiiiᵉ siècle, la monarchie nationale était, en
France, suffisamment développée pour se proclamer *patria* et exiger
des impôts, même de l'Église, *ad defensionem natalis patriae.* »

L'idée d'une mort méritoire et bénéfique *(mori)* naît des croisades et
de la rémission des péchés que promet l'Église, à cette occasion, dès
le concile de Clermont en 1095. Le glissement de la patrie céleste à
la patrie terrestre s'effectue par l'intermédiaire de la notion de charité,
qui légitime éthiquement et sanctifie la mort pour la patrie. Ce glissement virtuel est perceptible dans une lettre d'Urbain II traitant de la
croisade : « Celui qui sera tué dans cette campagne pour l'amour de
Dieu et de ses frères ne pourra douter qu'il trouvera la rémission de
ses péchés et la béatitude éternelle, conformément à la grâce de Dieu. »

Pour la fusion de ces trois éléments en un énoncé, il manquait
encore le lien d'une conception organologique de l'État, qui s'éla-
borait, là encore, par la dérivation de notions théologiques. L'idée de
corps mystique s'appliqua d'abord à la désignation de l'eucharistie
comme corps du Christ, jusqu'au moment où, au xiⁱᵉ siècle, l'hérésie de
Béranger donna un sens purement symbolique à la transsubstantiation.
Alors, l'Église nomma l'hostie « corps vrai » ou « corps naturel ».
Le vocable « corps mystique » permuta son sens et désigna l'Église
comme communauté des croyants. Au xiiⁱᵉ siècle, la sécularisation rela-
tive de l'Église s'accompagna d'un mouvement inverse de sacralisation
du corps administratif de l'État ou du royaume, qui hérita de cette
étiquette de « corps mystique ». Au xiiⁱᵉ siècle, le dominicain Vincent
de Beauvais parlait déjà du « corps mystique de la république ».

Cette archéologie de l'énoncé n'exclut pas de l'horizon de
Kantorowicz le souvenir récent de l'histoire contemporaine : « On
laissera au lecteur le soin de repérer toutes les distorsions que l'idée
centrale de *corpus mysticum* a subies dans son transfert aux doctrines
nationales, raciales et de parti, en des temps plus éloignés comme dans
les temps les plus récents. Les soi-disant "Tombeaux des Martyrs" du
mouvement national-socialiste à Munich, ou la banderole gigantesque
*"Chi muore per Italia non muore"* qui recouvrait, le jour de Noël

1937, la façade de la cathédrale de Milan à l'occasion du service commémorant la mort des soldats des divisions fascistes italiennes dans l'Espagne de Franco, illustrent quelques-uns des délires nationalistes les plus récents, qui ont odieusement défiguré une idée à l'origine vénérable et altière. »

Le caractère d'exorcisme de cette étude savante apparaît dans le processus même de l'analyse historique, qui disloque l'énoncé et l'étire dans la durée, et qui transforme la charge émotionnelle de l'affect en un processus de langage. Ici s'esquissent une méthode et une doctrine qui s'épanouiront avec beaucoup plus de maîtrise et de complexité dans *Les Deux Corps du Roi*. Mais le bénéfice de l'opération, pour l'heure, se lit dans le retour final sur la lettre pastorale du cardinal Mercier, qui perd son caractère monstrueux et représente désormais l'assomption commune, en 1914, d'un langage ancien, circulant avant le trauma : « Si nous relisons maintenant la lettre pastorale du cardinal Mercier, de Noël 1914, nous pouvons constater que les mots qu'il avait employés, mots qui paraissaient alors si provocants, sont en fait pleinement justifiés par une très longue tradition de la doctrine ecclésiastique et de la pensée politique occidentale en général. Ces mots n'exprimaient pas une opinion personnelle ou une interprétation préméditée. »

L'histoire, dans sa variante universitaire et archéologique, qui rompait avec la projection sur Frédéric II, permettait à Kantorowicz de reconstituer la cohérence corporative deux fois brisée, en 1919 et en 1933. Le passé, pour Kantorowicz, est moins un objet qu'un recours ; l'activité historienne sert à déployer les plis serrés du présent. Si les mots et les actes de 1914 ou de 1919 ne renvoient pas à une « opinion personnelle », il reste à saisir le lieu où se forme, antérieurement, dans le corps perdu de l'enfance posnanienne, le langage de la patrie.

CORPS PERDU

L'examen des configurations intimes où se situait l'action militaire de Kantorowicz a donc brouillé les contours fermes et simples de la figure du partisan, mais le parallèle avec von Salomon, par contraste, souligne un autre mystère de cet instant de vie. Von Salomon se présente avec insistance comme le descendant d'une famille luthérienne de *junkers* prussiens. Kantorowicz, lui, appartient à une famille juive de Poznan. Certains compagnons de lutte de Kantorowicz ont certainement eu une grande responsabilité dans ce qui advint en 1933 et qui fit périr en 1943 Clara Kantorowicz, mère d'Ernst, et, en 1945, sa cousine Gertrud au camp de concentration de Theresienstadt. Certes, l'historien doit se garder de l'illusion rétrospective qui lui fait observer une convergence objective des forces réactionnaires de l'Allemagne de Weimar vers l'avènement du nazisme, mais il faut bien reconnaître que le nationalisme germanique d'un juif posnanien n'a pas la simplicité élémentaire que veut donner à son propre parcours un *junker* prussien.

Devant l'obscurité de l'épisode 1914-1919, on peut être tenté de chasser d'un revers de main la cohérence de la vie du personnage. Après tout, pourquoi vouloir faire de cette jeunesse autre chose qu'une période de vie dont l'étrangeté ne renverrait qu'à l'innombrable aléa des vies humaines ? L'existence de l'historien Kantorowicz ne commence qu'en 1927, à la publication de *Frédéric II*. Pourquoi refuser à un individu la capacité de s'inventer, de se créer de nouvelles existences ?

Certes, mais il faut d'abord être sûr d'avoir éliminé des existences antérieures ce qui pourrait, ce qui aurait pu perdurer ou ressurgir. Changeons encore d'échelle et de découpage chronologique, en embrassant d'un coup, et d'un nouveau récit, les années antérieures à l'arrivée à Heidelberg, de 1895 à 1919.

Les données chronologiques sur l'enfance et l'adolescence de Kantorowicz paraissent encore plus pauvres : Ernst, né le 3 mai 1895 à Poznan, est le troisième et dernier enfant de Joseph et Clara Kantorowicz, précédé par ses deux sœurs Sophie (1887-1960) et Margarete (1888-1937). Le père travaillait dans l'entreprise familiale de productions de liqueurs et spiritueux, fondée par le grand-père d'Ernst, Hartwig, de qui il tenait son second prénom. La firme, devenue une société par actions en 1907, était dirigée par un cousin d'Ernst, Franz. D'autres cousins, comme l'anthropologue Richard, ou l'historienne de l'art Gertrud, s'étaient illustrés dans une carrière universitaire. De 1904 à 1913, Ernst suivit les cours d'un des quatre grands lycées de la ville, le Königliche Auguste Viktoria Gymnasium ; jusque-là, il avait été éduqué par une gouvernante anglaise. Après l'obtention de son *Abitur*, on l'a dit, il fit un séjour de quelques mois à Hambourg, en vue d'un apprentissage commercial.

Si l'on veut saisir quelque germe causal dans cette biographie sommaire et banale, il faut repérer les virtualités contenues dans quelques éléments combinés : la judéité, la Posnanie, la condition d'entrepreneur en liqueurs et spiritueux, la génération de 1895. Autrement dit, on fera jouer un contexte. La notion de contexte pose quelque difficulté à l'historien, car elle prétend à la fois décrire des données et engendrer une causalité, selon une circularité menacée de vice. Pour expliquer un événement ou une vie, on a tendance à sélectionner dans l'immensité inarticulée, ou partiellement accessible du réel, des pertinences qui construisent l'objet à construire. Autrement dit, en évoquant le contexte biographique de Kantorowicz, on risque fort de passer de la figure (le partisan) ou du schème (la constitution destructive d'une figure paternelle) à un type (l'individu juif posnanien issu d'une famille d'entrepreneurs en liqueurs et spiritueux, ayant vingt ans en 1914), représentant la portion individuelle d'une condition générale.

Des variantes du paradigme typique nous montrent à la fois la fécondité et les limites de l'explication contextuelle. Faisons varier l'âge dans le type. Vingt ans plus tôt, nous obtenons l'occurrence d'Hermann Kantorowicz, né en 1877 à Poznan, dans une famille de producteurs de liqueurs et spiritueux, historien du droit médiéval et théoricien de l'activité juridique. Pour la pureté de l'expérience, il faut souligner que les deux hommes n'ont aucun lien de parenté, malgré ce qui est souvent affirmé, selon une confusion, qui, au dire de Cecil M. Bowra, irritait fort Ernst ; ce dernier n'aimait guère Hermann, avec qui l'avaient confondu, en 1937, les universitaires anglais qui l'avaient invité à Oxford. La différence de génération laissa à Hermann le temps de fréquenter des universités lointaines (Berlin, Genève, Munich, Heidelberg), puisque Poznan ne possédait pas d'université avant la guerre. Professeur à Fribourg en Brisgau, puis à Kiel, Hermann Kantorowicz émigra en 1933 et poursuivit une carrière aux États-Unis et en Angleterre, où il mourut en 1940, après avoir laissé une œuvre importante. Hermann se situe dans le courant d'une tendance libérale et humaniste de la théorie du droit, largement minoritaire dans une Allemagne où les études juridiques ont beaucoup servi le nazisme. Il a laissé son nom à la doctrine de la *Freirechtslehre* qui insiste, contre le positivisme, sur l'aspect créatif, non strictement déductif de la loi. Ernst ne s'est jamais donné comme théoricien du droit, mais il semble bien que, de *Frédéric II* à ses travaux postérieurs, il soit passé, lui aussi à une conception de l'activité juridique comme création libre de la pensée. Le moule contextuel fonctionne correctement : la variable de la génération produit un écart signifiant, non une différence radicale.

Une autre figure varie légèrement l'occurrence d'Hermann Kantorowicz. En arrivant en 1939 à l'université de Berkeley, Ernst Kantorowicz y trouva Max Radin, spécialiste de l'histoire du droit, homme de vaste culture aux curiosités innombrables. C'est à la mémoire de Max Radin qu'il dédia *Les Deux Corps du Roi* en 1957. Dans sa préface, il explique comment l'idée du grand projet naquit, en 1945, d'une conversation à bâtons rompus avec Max Radin : l'historien, encore bien peu américain, lui avait montré un document édité par l'Ordre de Saint-Benoît, *inc. (incorporated)*. Radin expliqua à son jeune collègue qu'en Amérique toutes les institutions religieuses étaient organisées en sociétés à responsabilité limitée, « qu'il en allait de même pour les diocèses de l'Église romaine et que, par exemple, l'arche-vêque de San Francisco pouvait être considéré, en langage juridique, comme une "corporation unitaire" ». La conversation, dès lors, dévia vers cette autre « corporation à un seul membre », la Couronne anglaise au XVIᵉ siècle, substrat juridique du Roi abstrait et de la théorie des deux corps qu'isolera Kantorowicz durant les quinze années suivantes.

Or Max Radin était né en 1880 à Kempen, en Posnanie, dans une famille aisée de la bourgeoisie juive. Mais, alors qu'il n'avait que quatre ans, sa famille avait quitté le sol natal pour les États-Unis, où Max Radin avait gravi les échelons universitaires. Notons au passage, afin de constater, une fois de plus, les curieux enchevêtrements de destins, trop vite oubliés à force d'isolement disciplinaire et thématique, que Max eut un frère, légèrement plus jeune, Paul, anthropologue, auteur, en 1915, d'un fameux article sur les populations indiennes Winnebagos, souvent cité et commenté par Claude Lévi-Strauss comme texte protostructuraliste.

Pourtant, pour revenir au paradigme contextuel, notre type peut produire une individualité comparable, avec un résultat inverse. Soit Ernst Toller, l'illustre révolutionnaire et dramaturge : né en 1893 dans une famille de commerçants juifs aisés de Szamocin, dans le nord de la Posnanie, à quelques dizaines de kilomètres seulement de Poznan, Toller, comme Kantorowicz, s'engage en volontaire dans l'armée prussienne et se retrouve comme artilleur, vite promu au grade de sous-officier sur le front de l'Ouest. Comme lui, il devra, après l'avènement d'Hitler, quitter l'Allemagne pour les États-Unis, où il se suicidera en 1939.

Mais, au cours de la guerre, il était devenu pacifiste et socialiste. En avril-mai 1919, il avait commandé les troupes de la République des Conseils de Bavière, à Dachau, banlieue de Munich, dont le nom ne suscitait pas encore, en 1919, l'horreur. Il aurait pu tirer la balle qui avait blessé Kantorowicz. Un choix à jamais inaccessible s'était fait dans une tranchée, en 1915 ou 1916, comme il le dit dans *Une jeunesse en Allemagne* (1933) : « Un – homme – mort. Et soudain, comme si les ténèbres se séparaient de la lumière et le mot du sens, je saisis la simple vérité de l'homme que j'avais oubliée, enfouie, ensevelie qu'elle était, l'élément commun, l'Un qui unit. Un homme mort. Pas un Français mort. Pas un Allemand mort. Un homme mort. Tous ces morts sont des hommes, tous ces morts ont respiré comme moi, tous avaient un père, une mère, des femmes qu'ils aimaient, un morceau de terre où ils prenaient racine, des visages sur lesquels se lisaient leurs plaisirs et leurs peines, des yeux qui voyaient la lumière et le ciel. À l'heure qu'il est, je sais que j'étais aveugle parce que je m'étais aveuglé, je sais enfin que tous ces morts, Français et Allemands, étaient frères et que je suis leur frère. » Kantorowicz cherchera plus tard, après *Frédéric II* et après l'exil, cette *humanitas* qui saisit Toller à la vue du cadavre. Mais, en 1915, la décision (assentiment ou rébellion) prend pour l'historien la forme aporétique du singulier absolu. Certes, des esthétiques opposées expriment ces choix contraires : d'un côté l'expressionnisme réduit le sens à l'immédiateté concrète ; de l'autre, le symbolisme à la George rejette la perception brutale dans la signification ouverte et la continuité cachée. Mais la diction n'explique pas la profération de l'énoncé décisif, un matin de guerre en Champagne.

Ne poursuivons pas le jeu superficiel du type et de l'occurrence. Il a suffi à nous mettre en garde contre les enchaînements contextuels. On renoncera à la vertu causale du contexte, non aux petites narrations impersonnelles qu'il permet autour de Kantorowicz. Car ce réseau de rhizomes indéfiniment ramifiables fait éclater la massivité des parapets de la classification (le nationalisme, la Prusse...). Faisons donc proliférer quelques instants les divers contextes possibles en espérant y trouver quelques éclats de la voix encore muette de Kantorowicz.

L'usage du contexte suppose un réglage de distance : devant quelle toile planter le sujet ? au sein de quel groupe le placer ? quel fond, lointain ou proche, choisir ? Le choix hiérarchise les données et ordonne la perspective. Le renouvellement de l'explication historique passe souvent par le changement de décor contextuel. Dans le cas de Kantorowicz, aucun commentaire ne permet de choisir un réglage *a priori* adéquat. Face au mutisme de Kantorowicz, observons sa décision : s'engager, poursuivre la guerre sur les fronts externes et internes peut signifier, négativement, une rupture de la tradition familiale, un rejet de l'activité industrielle et commerciale transmise sur trois générations au moins dans les diverses branches collatérales de la famille. Rien ne s'opposait à l'entrée de Kantorowicz dans la firme ; on a vu que le jeune homme s'y était même préparé par un stage commercial à Hambourg. Ce sont d'ailleurs les revenus familiaux qui permirent à Kantorowicz de vivre largement sans exercer d'emploi rémunéré, au moins jusqu'à sa nomination de professeur ordinaire à Francfort.

À Heidelberg, il avait acheté la demeure confortable où il hébergeait Stefan George lors de ses séjours dans la ville universitaire.

Certes, cet éloignement de la tradition familiale n'a rien d'exceptionnel ; notre échantillon paradigmatique l'a fait apparaître constamment. On peut même lui donner un sens particulier dans la culture juive traditionnelle : dans une famille qui poursuit une tradition professionnelle continue, le choix, par un rejeton doué, d'une activité de recherche, rabbinique ou talmudique (puis universitaire dans les milieux « émancipés »), n'est généralement pas entravé, il est même souvent favorisé. Qu'on se rappelle l'étonnant marché conclu entre le jeune Aby Warburg et son frère cadet : l'abandon de la succession bancaire contre le financement illimité d'un travail d'historien de l'art. Mais, précisément, l'échappée d'Aby Warburg hors de la lignée bancaire, ininterrompue du XIII^e siècle jusqu'à nos jours, signale un choix. Tentons donc, de façon un peu aléatoire, de restreindre le contexte existentiel du jeune Kantorowicz à l'entreprise familiale de fabrication de liqueurs alcoolisées.

La décision de renoncer à un emploi dans la prospère entreprise familiale (qui, après avoir fusionné avec l'entreprise Kahlbaum à Berlin, existe encore de nos jours) constituait une façon de sortir de la famille, mais aussi de la société juive. Le commerce de l'alcool, dans la tradition ancienne du *shtetl* (communauté juive des villages et petites villes) russo-polonais, appartenait exclusivement aux Juifs, que les magnats polonais utilisaient comme intermédiaires dans les villages où ils faisaient fonction à la fois d'aubergistes, de marchands d'alcool et de collecteurs d'impôts seigneuriaux. L'alcool, dans la représentation nationaliste, signifiait clairement l'appartenance au monde dégénéré des confins slaves. Une thèse d'économie, portant sur l'industrie de la distillation en Allemagne dans les années d'après-guerre, soutenue en 1937, donne un tableau accablant de la situation, en présentant les statistiques de la consommation d'alcool dans les provinces de la grande Allemagne en 1880 : la consommation moyenne par tête était de 9,38 litres ; la Posnanie arrivait très largement en tête du tableau, avec 40,1 litres, suivie par la Poméranie (28,3 litres), bien au-dessus du sage Wurtemberg (1,3 litre).

Kantorowicz, tout en appartenant à une bourgeoisie fort aisée, porte, en termes de distinction sociale, les stigmates d'une activité sans prestige, liée aux confins judéo-slaves et à l'alimentation. Ce marquage social et national a sans doute joué un rôle dans la présentation de soi de notre personnage, selon le mode de l'aveu et du dépassement : parmi les traits d'élégance qu'il offrait, ses amis se souviennent particulièrement de ses talents culinaires, hautement revendiqués. Dans le cercle hautain et compassé de Stefan George, Kantorowicz apporta un jour une bouteille de liqueur produite par la firme familiale, sous la marque « Alasch ». Avec une bonhomie peut-être condescendante, l'un des convives proclama : « Alasch est grand et Kantorowicz est son prophète. »

Afin de saisir la signification existentielle de cette configuration complexe (le lignage, la judéité, la production d'alcool), recourons encore une fois à un récit de fiction, une longue nouvelle d'Hermann Ungar, *Le Voyageur en vins*, rédigée dans les années 20, publiée en 1930, un an après la mort de son auteur. Hermann Ungar pourrait fort bien entrer dans notre paradigme contextuel. Né en 1893 à Boskovice, en Moravie, il était issu d'une famille juive de culture germanique qui vivait depuis des générations d'une affaire de distillerie d'alcool. Son père Emil manifestait déjà cette hésitation entre le savoir et l'activité transmise : après avoir étudié le sanscrit et le grec, puis avoir pensé au rabbinat, il décida enfin de reprendre l'affaire familiale. Son fils Hermann, après des études brillantes au lycée de Brno et aux universités de Munich, Berlin et Prague, s'engagea comme volontaire dans un régiment d'artillerie et se battit sur le front russe, où il fut blessé et médaillé. Après-guerre, il acheva ses études de droit, puis mena simultanément une activité littéraire et une carrière de secrétaire de la légation tchécoslovaque à Berlin, où il fréquenta Toller.

*Le Voyageur en vins* met en scène une condition, à la fois maudite et privilégiée, publique et secrète, dont on ne sort pas et qui absorbe le monde entier. Le narrateur se présente comme l'héritier d'un représentant de commerce en vins et spiritueux, qui reprend très tôt l'activité paternelle. Le père ne lui laisse aucune fortune, mais un « héritage immatériel », selon la belle formule de l'historien Giovanni Levi, qui consiste en une science de la relation, en une connaissance de la clientèle : « Il connaissait tous les commerçants de son circuit qui jouissaient de quelque considération, et le moindre village en comptait un. Il ne se contentait pas de connaître leur nom, il connaissait leurs parentés, leurs

rapports de famille, leurs dispositions de caractère. » La transmission
de l'héritage, d'abord orale, s'accomplit pleinement lorsque le père
transmet au fils, pour ses dix-huit ans, son calepin, qui contient une
série d'indications pratiques sur le maniement des hommes du circuit :
« M. Coquin est rouquin. Se montrer très prudent. Réclamations sur
chaque envoi. Ivre tous les jours, venir le soir. O., neveu de F., à…
Acheter une boîte de sardines. Transmettre les amitiés de F. Demander
des nouvelles de sa jambe. Pester contre les Juifs. Bonnes commandes.
Vins en bouteilles. De Meyer & Ludwig. Prendre le temps. » Le réseau
épars des savoirs pratiques du voyageur englobe toutes les centralités
locales des sciences relationnelles des aubergistes, ces autres distribu-
teurs de l'alcool, de l'« esprit » *(Spiritus)* : « Si j'étais appelé à écrire
un roman sur les abîmes du cœur humain, je choisirais pour héros
un aubergiste. Disons le propriétaire d'un petit hôtel. Celui-ci serait
situé dans une ruelle étroite, au milieu de bastringues et de petites
boutiques. Les secrets d'une telle maison, les gens qui la fréquentent,
des tourtereaux et des receleurs, un va-et-vient de figures riantes ou
furieuses, la lie du peuple et la crème de la bonne société, et, au centre
de cet univers, l'aubergiste, modèle, en apparence du petit-bourgeois,
mais le cœur plein des secrets de sa clientèle, qui l'incite à attendre
de sa vie plus qu'il ne lui est octroyé. » Or, précisément, le parcours
du héros le ramène à la condition d'aubergiste, malgré la liberté apparente de ses choix et de ses ruptures. Dans un premier temps, il suit
scrupuleusement les indications du calepin, puis il éprouve le besoin
de passer à un régime supérieur. Il change alors d'aspect, par un grand
raffinement de toilette, afin de provoquer l'événement : « Quand on
est jeune et svelte comme moi, qu'on a un beau visage, qu'on porte
de bons habits et qu'on affiche les manières d'un élu de la fortune,
le grand événement se présente un jour, qui vous entraîne dans son
sillage. » Puis, après avoir dilapidé l'héritage immatériel par ce changement d'allure, il quitte le secteur limité de ses voyages pour se fixer
dans la capitale, avec le petit pécule qu'il avait amassé. Il loue une
chambre dans une pension pour riches étrangers, risque son capital au
jeu de hasard, perd tout et ne trouve de lieu où dormir que grâce à la
générosité d'une prostituée qui lui laisse, au matin, la petite somme
destinée au règlement du prix de leur misérable chambre d'hôtel. En
tentant de fuir avec cet argent, le voyageur tue l'hôtelier et laisse

accuser du meurtre la fille, demeurée, de sa victime, dont il prend la place, immémorialement assignée : « Je passai un contrat de gérance avec le propriétaire de la maison et pris la place du mort à l'hôtel. Je le fis parce que c'était la seule possibilité pour moi à ce moment-là ; en outre, je cherchai à me prouver à moi-même qu'un refus de cette proposition risquait d'éveiller des soupçons contre moi. La véritable raison fut sans doute que je pouvais difficilement me séparer de ce lieu. Le destin m'imposait, en quelque sorte, de poursuivre la vie de l'hôtelier. À présent, le soir, je conduis les clients à leur chambre, et, assis en bas dans le vestibule, je guette l'instant de toucher mon argent. Un argent que j'investis aujourd'hui, non plus en bons habits, mais en bouteilles de vin vieux. »

La condition d'aubergiste, un moment suspendue par des tentatives de sortie, enclôt et inclut. Elle contient l'art et la politique, cachés aux yeux de tous : « On nomme le vin marchandise, comme on nomme marchandise la soie ou le papier, encore que du papier ou de la soie d'une qualité et d'une couleur données puissent être fabriqués en quantité illimitée, et que deux papiers de même couleur et de même qualité auront toujours exactement le même aspect. S'y connaître en papier ou en soie est une affaire de pratique. Le voyageur en vins, lui, doit être né pour cela. S'y connaître en vins est un don mystérieux. Il ne dépend pas uniquement de la sensibilité des nerfs gustatifs. Celle-ci est une condition évidente. Je ne crains pas de qualifier ce don de don du cœur. Il ne peut faire l'objet d'aucune pratique, d'aucun apprentissage, d'aucune explication. Me taxera-t-on de présomption si je le compare à la vocation artistique, qui elle non plus ne peut s'apprendre, et qui est là comme un bienfait dispensé par les dieux ? »

À cet art, le père ajoute la science occulte du pouvoir : « Mon père possédait un secret. Que personne ne le sût à part lui et moi le remplissait d'une joie tranquille. Que les gens le tinssent pour un pauvre vieux voyageur en vins, et non pour ce qu'il était en réalité, lui semblait savoureux et d'une drôlerie presque irrésistible. Mon père, en effet, était un grand homme d'État. En 1866, il avait sauvé l'Autriche de la défaite par une alliance avec la Russie. Des papiers mis à l'abri des regards curieux dans le tiroir de son bureau attestaient ce fait de manière irréfutable comme ils attestaient cent autres initiatives chez un homme d'État qui avait exercé la plus grande influence sur la situation politique de l'Europe. »

Cette admirable métaphore spiritueuse de la condition juive lie précisément dans la personne du père l'obscurité de l'État et les Mystères de l'État, auxquels Kantorowicz a consacré un article en 1955. Le fantasme paternel, chez Ungar, désigne cette extériorité puissante qui peut briser le cercle oppressant de la condition reçue en héritage. Les premières générations de la *Haskala* (le mouvement des Lumières du judaïsme européen) ont cru au pouvoir libérateur de l'État, qui dans l'Allemagne prussienne de la fin du XVIII$^e$ et du début du XIX$^e$ siècle semblait assumer, contre les archaïsmes sociaux, une tâche de modernisation et de protection de l'individu. La notion de *Rechtsstaat* (l'État de droit), en complément et en opposition avec celle d'*Obrigkeitsstaat* (l'État autoritaire) a fortement structuré la pensée allemande du XIX$^e$ siècle. Ce passage de la communauté organique et close à une organisation extérieure et ouverte s'exprime pleinement dans la notion de théologie politique que Kantorowicz a construite, peut-être à partir d'une expression employée en un sens fort différent, dans les années 20 par le juriste réactionnaire Carl Schmitt. La théologie politique du Moyen Âge se définit comme l'effort de transposition laïque et juridique des doctrines religieuses de la communauté des croyants (l'Église). La cité italienne, l'Empire, la monarchie royale, ces formes de transition vers l'État, assument le passage d'un corps indistinct, la communauté des fidèles, réunie par la naissance et le sacrement, à un corps distinct, fondé sur la loi et le contrat, du moins dans sa forme implicite, le consentement à l'impôt et au service armé. L'extériorité de l'État, gage de son caractère libérateur, se manifeste par des signes, par une symbolique, qui emprunte sa substance à la liturgie de l'Église tout en inversant le sens : la symbolique profane, et son double, la fiction juridique, exposent le caractère conventionnel, discret, articulé du corps politique. On y reviendra. Il importe, pour l'instant, de noter que cette patrie, que sert Kantorowicz, est peut-être davantage un État que l'Allemagne. Elle est le lieu vide où projeter le désir de sortir du circuit du voyageur en vins. Alors que le père du voyageur s'invente homme d'État, le fils tente sa première sortie, par le choix du vêtement qui le distingue radicalement de sa clientèle et doit manifester publiquement qu'il est disponible pour l'événement, pour l'échappée hors du circuit de la répétition. Ce vêtement distinctif, destiné à marquer le départ et l'adhésion à une extériorité libératrice, c'est, pour Kantorowicz, entre 1914 et 1919, l'uniforme militaire. Déjà à la fin du XVIII^e siècle, la secte juive de Jakob Frank, en Moravie et en Allemagne, qui mêlait d'étonnante façon un mysticisme messianique à une philosophie des Lumières, associait paradoxalement un grand sens du secret et la parade en uniforme.

Un des derniers articles écrits par Kantorowicz, en 1961, s'intitule « Des dieux en uniforme » *(Gods in uniform)*. Il illustre bien un des aspects les plus féconds de l'intuition de l'historien, qui, comme on l'a vu à propos de la conversation avec Max Radin, privilégie l'étonnement devant le détail étrange comme méthode de découverte historique. Les historiens de l'art ont manié des centaines d'images représentant des reliefs ou des statues de dieux antiques sans isoler ce trait que note Kantorowicz : certains dieux, à partir du I^er siècle avant Jésus-Christ, sont figurés en uniforme militaire. Le fait ne cesse d'être banal que si l'on distingue l'uniforme du port d'armes, fort commun dans la représentation plastique des dieux. Or l'uniforme ne constitue pas un invariant des sociétés humaines ; le Moyen Âge l'ignore et, en Occident, il ne se trouve qu'à partir de l'époque de Marius, puis ne ressurgit que lentement à l'époque moderne, avec les Suisses du pape Jules II et les *Coldstreamguards* de Charles II au XVII^e siècle. Il a apparemment partie liée à l'État, qu'il manifeste dans l'individu. De son dossier minutieusement établi, Kantorowicz tire deux hypothèses importantes : la représentation des dieux en uniforme fait partie d'un échange d'attributs entre les dieux et les empereurs et annonce donc, dans un environnement païen, le processus formel de la théologie politique ; d'autre part, puisque la plupart des statues du corpus viennent de l'Orient syrien, l'uniforme aurait constitué un moyen de rendre acceptables, aux yeux des Romains, les dieux étrangers *(dii peregrini)*. L'artifice naturalise. L'État déplace.

Il reste que le dernier acte qui décide du destin du voyageur en vins et de son retour à l'auberge originelle est un meurtre : le voyageur tue la figure archaïque du père (l'aubergiste) et laisse emprisonner injustement sa fille, pour se retrouver dans l'immuable communauté du commerce en vins. Le nationalisme meurtrier d'un jeune bourgeois constitue aussi la propédeutique à un conservatisme de classe.

La lecture du texte d'Ungar a détruit la pertinence littérale de notre contexte, qui s'est transformé en mode d'exposition, en métaphore explicative. Sans doute est-ce un des avatars de la notion de contexte, de faire passer le décor pour un cadre, mais il faut tenter de retrouver dans le pays perdu non plus la forme, mais la substance d'un destin. La chronologie, en faisant coïncider le moment du choix existentiel, au sortir des études secondaires et de la vie en famille, avec celui d'une alternative nationale stricte (la Posnanie en 1918 sera allemande *ou* polonaise) doublée d'une alternative communautaire (la communauté juive doit se proclamer allemande *ou* autonome) trace un cadre contextuel, à coup sûr essentiel, celui de la province de Posnanie.

Que signifie être juif en Posnanie au début de ce siècle ? On tentera de donner à l'individu Kantorowicz la part théorique de cette existence plurielle que peut décrire l'histoire. Noyons donc, pendant quelques instants, l'esquif singulier dans l'océan des statistiques et de la longue durée, sans oublier, grâce à la métaphore maritime, la revendication d'autonomie proférée par un héros de Queneau au nom du « hareng du milieu », nageant dans son banc.

La Posnanie, au sud-ouest de l'actuelle Pologne, entre la Poméranie au nord et la Silésie au sud, constituait le lieu d'un affrontement séculaire entre les aires d'influence et de peuplement germanique et polonaise. Cette province, qui formait la majeure partie de la Grande Pologne du Moyen Âge, avait été le berceau de la nation polonaise. Le premier État polonais semble naître avec la dynastie des Piast ; le premier prince Piast, Mieszko I$^{er}$, vers 960, réunit les possessions familiales de Grande Pologne, de Cujavie et de Mazovie autour de Gniezno, au nord-est de Poznan. Mieszko ajouta à cet héritage, par conquête, la Silésie, la Petite Pologne et la Poméranie. En 966, il introduisit le christianisme en Pologne en se convertissant ; en 968, il fonde le premier évêché national à Poznan. Il inféoda alors l'ensemble territorial qu'il dominait au Saint-Siège afin d'éviter une suzeraineté germanique. L'antagonisme existe donc dès le X$^e$ siècle, aux sources de la nation et de la catholicité polonaises. Son fils, Boleslas I$^{er}$, poursuivit cette politique de conquête et soumit la Bohême, la Lusace et la Moravie, avant de se faire couronner comme premier roi de Pologne, l'année de sa mort en 1025. Par la suite, ce royaume subit alternativement des fragmentations et des réunifications successives, mais il importe que

Poznan et Gniezno apparaissent, dans la mémoire collective, comme le centre politique et religieux du pays, en cette période de formation autour de la famille Piast, jusqu'en 1370. Au XVᵉ siècle, Gniezno avait été érigé en primatie de la Pologne. Cracovie puis Varsovie ne prendront la prééminence qu'à la fin du Moyen Âge sous la dynastie lituanienne des Jagellons, puis des Vasa suédois.

Dès le XIIᵉ siècle, la pression germanique se fit forte en direction des territoires polonais ; à la colonisation diffuse s'ajoutait l'action militaire des chevaliers Teutoniques et des chevaliers Porte-Glaive, installés durablement en Prusse orientale. La Posnanie, sans passer sous la domination germanique, reçut une forte colonisation paysanne au XIIIᵉ siècle. Puis, au XIVᵉ siècle, et notamment à partir de la Grande Peste de 1350, qui allégea la pression démographique en Allemagne, cette colonisation se réduisit. Jusqu'au milieu du XVIᵉ siècle, la province se polonisa donc davantage. La Réforme introduisit une coupure supplémentaire, qui joua un rôle essentiel dans la construction de la Posnanie comme province frontière. La bourgeoisie et une partie de la paysannerie allemandes embrassèrent le luthéranisme, face aux populations polonaises qui demeurèrent majoritairement catholiques. Le début du XVIIᵉ siècle vit des émeutes antiprotestantes à Poznan. En 1620, le bannissement des protestants fut même proclamé sans être appliqué. Mais la population germanique, qui n'était encadrée par aucune aristocratie, demeura en position défensive. La tension nationale persistait cependant, car, à partir de la seconde moitié du XVIᵉ siècle, jusqu'au XVIIIᵉ siècle, une seconde vague de colonisation rurale germanique, d'origine néerlandaise, liée aux persécutions religieuses, mais bien accueillie par les autorités polonaises, après les terribles dévastations des guerres suédoises (1655-1660), déferla sur la Posnanie. Ces nouveaux colons (les *Hausländer*) bénéficiaient d'un statut de liberté qui était refusé aux serfs polonais, soumis à la classe des nobles polonais (la *szlachta*).

La lente décadence de la monarchie polonaise et le dynamisme des monarchies prussienne, russe et autrichienne, au XVIIIᵉ siècle, provoquèrent le dépècement graduel du pays. Le deuxième partage de la Pologne, en 1793, accorda la Posnanie à la Prusse de Frédéric-Guillaume II, avant que le troisième partage ne supprime complètement l'entité polonaise, en donnant la Mazovie et la région de Varsovie à la Prusse, où, dès lors, la moitié de la surface et de la population était polonaise. L'État prussien tenta de pratiquer une intégration respectueuse de la réalité polonaise, en favorisant le bilinguisme.

Les défaites prussiennes d'Iéna et d'Auerstedt, en 1806, entraînèrent la paix de Tilsit, en 1807, qui fit renaître un grand-duché de Varsovie, incluant la Posnanie, jusqu'en 1813. Après l'écroulement de l'Empire napoléonien, la Pologne disparut à nouveau de la carte et la Posnanie rejoignit l'État prussien, jusqu'en 1918. La période de réforme de l'État prussien, le souvenir des soulèvements polonais entraîna un durcissement de la domination prussienne. Justus von Gruner, qui gouverna la Posnanie au nom de Berlin au début du XIX$^e$ siècle lança le mot d'ordre de germanisation *(Verdeutschung)* de la province. La fonction publique et même la possibilité de se marier nécessitaient la maîtrise de la langue allemande. Cependant, jusqu'en 1840, la Posnanie garda un semblant d'autonomie politique, avec son appellation de « grand-duché de Posnanie », avec son chef polonais, le prince Radziwill. La diète de 1827 avait une majorité de députés polonais.

Les choses changèrent en Posnanie, à partir de 1830, sous le gouvernement d'Eduard Flottwell qui accentua la politique de germanisation à outrance, sans doute en raison des révolutions de 1830 et 1848, qui, tout en étant peu marquées dans le grand-duché, suscitèrent un regain de la pression nationaliste polonaise. Le grand-duché se transforma en une simple province prussienne en 1840. La lutte nationale, active des deux côtés, se porta sur la culture et l'économie.

Au XIX$^e$ siècle, la culture polonaise se développe avec rapidité. Vers 1840, Karol Marcinkowski crée une Académie polonaise à Poznan, le Bazar Polski, véritable centre culturel polonais. De l'autre côté, les lois prussiennes imposent la pratique de l'allemand en de nombreuses circonstances. En 1900, le catéchisme doit obligatoirement se faire en allemand. Peu après, éclate une véritable guerre scolaire entre les deux nations. En 1898, la Prusse crée une bibliothèque, la Kaiser Wilhelm-Bibliothek, destinée à faire fonction de centre de diffusion de la culture germanique et complétée par un musée et par une Académie (1903-1904). Le jeune Kantorowicz assista donc aux tentatives étatiques ou communautaires de fonder une nation sur une emprise culturelle.

Mais le trait le plus original de cet affrontement de nationalités réside dans la mobilisation économique. En 1839, le patriote polonais Slowaczinski, dans la *Statistique générale de la Pologne prussienne* disait déjà : « Les généreux habitants de ce pays ont senti que, dans ce temps d'épreuves, il fallait se servir de tous les moyens d'industrie pour raviver un pays qu'on désire tant anéantir moralement. » Cet aspect de la bataille nationale importe aussi pour comprendre la première orientation, économiste, de Kantorowicz.

La Prusse chercha à remporter la bataille démographique qu'elle craignait de lui voir échapper en raison de la natalité plus forte des Polonais et du ralentissement de la colonisation allemande au XIXe siècle. La province comportait 62,9 % de Polonais pour 30,8 % d'Allemands en 1825 ; en 1910, l'écart ne s'était pas sensiblement modifié (64,7 % contre 34 %). Mais la répartition géographique et sociale des deux populations laissait apercevoir des évolutions plus dangereuses pour la Prusse. En effet, les Allemands, minoritaires dans la province, formaient le peuplement dominant des villes, selon un schéma de contrôle assez classique. Or, en peu de temps, cette situation se modifie ; en 1890, les Allemands constituent 57,5 % des populations urbaines, contre 42,4 % de Polonais ; dès 1910, une parité s'observe (51,2 % contre 48,7 %). Les commerces, tenus aux trois quarts par les Allemands en 1882, sont presque à moitié aux mains des Polonais en 1907. Cette évolution, repérable par de nombreux autres indices, signifie que l'économie polonaise de Posnanie se modernise, s'urbanise, au prix d'un exode rural accentué par les mesures autoritaires que prend le gouvernement prussien, qui, par une série de lois (1886, 1904, 1908), exproprie de grands propriétaires polonais ou finance une politique systématique d'achats terriens au profit des populations germaniques. La polarisation nationale se doubla donc d'une polarisation sociale : la majorité des ouvriers posnaniens étaient polonais et le 27 décembre 1918, lorsque la population polonaise se souleva à Poznan, avant même l'arrivée des troupes du maréchal Pilsudski qui reconstituait l'État polonais, l'insurrection se constitua en conseils, comme en Allemagne et en Russie, tout en revêtant un aspect essentiellement nationaliste. La signification du conseil devait avoir, aux yeux de Kantorowicz, même à Berlin ou à Munich, des connotations nationales autant que sociales.

Dans cette forte bipolarisation de la Posnanie, il convient maintenant d'insérer l'existence de la communauté juive, à laquelle appartenait la famille de Kantorowicz. La Posnanie faisait partie de cet immense espace d'Europe orientale où se trouvait, au début du siècle,

plus de 80 % de la population juive mondiale. La réalité autonome de
ce peuplement apparaît avec évidence dans nos sources statistiques,
qui relèvent toujours, avec la plus grande précision, son importance
numérique. Cette concentration, réalisée dès le XVIᵉ siècle, s'explique
historiquement par la convergence de deux parcours migratoires : d'une
part, la dissolution du royaume juif de Khazarie, au XIᵉ siècle, et l'émigration de l'importante colonie de Crimée au XIVᵉ siècle amenaient dans
l'espace russo-polonais toute une population orientale ; d'autre part,
les persécutions et expulsions repoussaient vers l'est les communautés
occidentales espagnoles, françaises et allemandes. Au XIVᵉ siècle, le roi
de Pologne Casimir le Grand accueillit volontiers une immigration qui
comblait les vides d'un immense espace encore peu peuplé et toujours
menacé par l'expansion germanique. Cette nouvelle installation créa
une culture originale, marquée par la forme de la bourgade rurale, le
*shtetl*, par l'usage de la langue yiddish, qui manifestait la dominante
germanique de l'émigration juive, par l'influence de courants mystiques
originaux nés au XVIIIᵉ siècle (le hassidisme), par des modes d'auto-
gestion administrative, au sein d'un milieu hostile, mais encore peu
structuré par les normes modernes de l'État.

La présence d'une communauté juive dans la ville de Poznan est
attestée par des documents à partir de 1379, mais remonte sans doute
au milieu du XIIIᵉ siècle. Dès 1399, les chroniques locales enregistrent
une rumeur sur la profanation des hosties par les Juifs. L'installation
juive se poursuit pourtant et, en 1560, la moitié des habitants de
Poznan (3 000 sur 6 000) sont juifs. Pendant des siècles, les émeutes
antijuives, les incendies du ghetto, les retours alternent. Au moment
du rattachement de la Posnanie à la Prusse, les Juifs constituent le
quart de la population de Poznan (3 000 habitants sur un total de
12 000). Ils contrôlent très largement le commerce de la ville : à la
fin du XVIIIᵉ siècle, 307 des 380 commerçants enregistrés de la ville
appartiennent à la communauté juive. Jusqu'en 1833, la communauté
jouit d'une assez large autonomie administrative, suivant le modèle
général de l'espace russo-polonais. En Posnanie, la communauté élit
un corps intermédiaire d'« éligibles » *(kesherim)* qui désigne un conseil
de 35 administrateurs traitant de justice, de fisc ou de gestion. Les
employés de la communauté sont nommés par une instance formée de
membres du conseil et par des délégués élus par trois corps électoraux

répartis selon leur richesse. À condition de verser de lourds tributs aux seigneurs et à la couronne, la communauté vit dans le cadre d'une espèce d'oligarchie électorale, dont le caractère démocratique est assuré par la rotation annuelle des tâches. La perfection formelle du système ne doit pas cacher la misère générale de la population juive, sans cesse atteinte par les persécutions, ruinée au XVII$^e$ et au XVIII$^e$ siècle par les guerres suédoises. La communauté ne peut même pas, à certains moments, rémunérer de rabbin et, jusqu'à la fin du système, en 1833, elle est lourdement endettée.

Dans le conflit national qui déchire la Posnanie, la communauté juive, dans son ensemble, penche du côté prussien. Dans le combat économique, les Juifs jouent leur rôle traditionnel de boucs émissaires auprès des Polonais, comme le montrent ces propos de Slowaczinski, dans sa *Statistique générale* de 1839 : « Le bourgeois polonais dans sa pauvreté vit en compagnie des Juifs et des industriels étrangers. Le premier le trompe par son astuce ; l'autre par son industrie le domine toujours. Le trafic qu'y font les Juifs empêche le commerce de se faire sur un pied respectable. » De plus, la logique générale de l'histoire fait que l'annexion de la province à la Prusse correspond, à la fin du XVIII$^e$ siècle, au mouvement général d'émancipation des Juifs en Europe. Dès 1797, un règlement général sur les Juifs leur offrait l'intégration, sous réserve de certaines restrictions (expulsion des non-résidents, interdiction du mariage avant l'âge de vingt-cinq ans), manifestement destinées à limiter l'ampleur de la communauté. Un signe clair de l'hostilité croissante des Polonais envers les Juifs se manifesta pendant la courte période (1807-1813) où l'État polonais, incluant la Posnanie, fut reconstitué sous l'égide de l'armée napoléonienne : en 1808, le statut d'émancipation des Juifs fut abrogé.

En revanche, le retour à la Prusse marqua une amélioration sensible de la condition juridique de la communauté. Les visées du royaume paraissaient claires : il s'agissait de favoriser dans le cadre de la lutte nationale, une assimilation de la bourgeoisie juive déjà fortement germanisée. De fait, l'accès des Juifs au conseil municipal de Poznan fit basculer, en 1853, la majorité au profit des Allemands. Le gouvernement de Flottwell promulgua donc un statut, en 1833, qui reprenait, pour l'essentiel, les dispositions du statut édicté par Hardenberg pour les provinces de l'ancienne Prusse. Les Juifs devenaient des citoyens à part entière, à condition de prouver leur attachement à la patrie prussienne par une bonne maîtrise de la langue allemande et par une déclaration solennelle. Le grand-père de Kantorowicz, Hartwig, né en 1806, fondateur de l'entreprise familiale, obtint cette naturalisation prussienne dès 1834. La famille Kantorowicz se situait donc dans la mince frange (environ 15 % de la communauté) dont la germanisation était déjà acquise au début du XIX<sup>e</sup> siècle. La réalité de cette assimilation se confirme au vu des prénoms, chrétiens et allemands, choisis par la famille sur deux générations. Le cousin d'Ernst, Franz, qui présidait aux destinées de la firme de liqueurs et spiritueux, devint conseiller municipal de Poznan en 1911.

Les conditions particulières de la communauté juive en Posnanie expliquent sa liaison forte au sort du royaume de Prusse et de l'Empire allemand, qui entraîna la faiblesse locale du mouvement sioniste ou du socialisme internationaliste du Bund et qui incita la majorité des Juifs de Poznan à fuir la domination polonaise en 1918-1919 (l'invasion nazie pendant la Seconde Guerre ne trouva qu'environ 1 500 Juifs à Poznan). La communauté, jadis nombreuse, se dépeupla lentement au XIX<sup>e</sup> siècle, dans une ville en pleine croissance : en 1849, elle formait encore 20 % de la population de Poznan ; en 1910, ce pourcentage chute à 3,6 %. Cette décroissance rapide tient à l'émigration, vers l'Europe de l'Ouest et l'Amérique, elle-même provoquée par la mauvaise situation économique des Juifs : employés pour la plupart dans l'artisanat textile, ils pâtissent de sa décadence, provoquée par le rattachement à la Prusse, qui coupait la Posnanie des espaces russo-polonais, tout en n'ouvrant guère de débouchés vers une Allemagne plus riche et mieux industrialisée. Une forte polarité entre une minorité prospère, germanisée et une majorité misérable acheva de ruiner les structures intermédiaires qui assuraient une solidarité communautaire effective. Dans le domaine de la culture, la très faible implantation du hassidisme empêchait la médiation religieuse. La masse pauvre de la communauté se dispersa donc rapidement, à l'inverse de ce qui se passait en Galicie autrichienne ou dans la Pologne sous domination russe : dans ces régions, la communauté juive constituait encore en 1920 près de la moitié des populations urbaines. Le sionisme y trouva son terrain d'élection, alors qu'à l'automne 1918, les activistes de la communauté s'orientèrent pour la plupart vers le *Deutscher Volksrat*, le conseil allemand, qui s'opposait, aux côtés des débris de l'armée prussienne et des corps francs, aux conseils d'ouvriers et de soldats polonais surgis dès novembre. Seule une minorité de la population juive forma le *Jüdischer Volksrat*, le conseil populaire juif, qui tenta de négocier avec les Polonais un statut d'autonomie nationale dans le cadre d'un État polonais à venir. Des pogroms polonais, en 1918-1919, dissipèrent rapidement ces espoirs nationaux.

Le contexte juif et posnanien rend donc compte en bonne partie des choix de Kantorowicz entre 1914 et 1919. La situation de la frontière posnanienne crée la thématisation nationale ; l'association de la communauté à la Prusse, l'hostilité polonaise orientent ce thème vers le germanisme.

La question de l'appartenance juive de Kantorowicz, pourtant, ne se résout pas aussi facilement. L'assimilation complète n'existe que dans la mesure où elle n'est pas déniée par le regard de l'autre ; or, Kantorowicz a certainement rencontré l'antisémitisme. Toller, dans ses souvenirs sur son enfance dans la province de Posnanie, en donne des témoignages. L'antisémitisme devait se manifester encore plus nettement à Poznan même, ville de soldats et de fonctionnaires prussiens, qui se considéraient comme des exilés en terre de Barbarie, loin de Berlin. Plus tard, à Munich, et notamment à l'université, Kantorowicz rencontra à coup sûr l'antisémitisme exacerbé par les troubles de la révolution bavaroise. Gershom Scholem, qui se trouvait à Munich au même moment, en donne un témoignage dans ses Mémoires : « À Munich, j'eus l'occasion de voir de près la montée du national-socialisme à l'université ; l'atmosphère de la ville était insupportable, ce qu'on oublie souvent aujourd'hui ou qu'on dépeint avec des couleurs adoucies. Il était impossible de ne pas remarquer les gigantesques affiches rouge sang, avec leurs textes non moins sanguinaires, invitant à écouter les discours de Hitler : "Les Allemands de race sont les bienvenus. L'entrée est interdite aux Juifs". » Et même dans le refuge d'Heidelberg, Kantorowicz prit la mesure de la haine antisémite. Son ami le baron balte Uxkull, dans une lettre à Stefan George, déconseillait au maître de laisser parler en public le jeune adepte du mage en raison de sa judéité qui pouvait nuire à la réputation du cercle. Et lorsque, après avoir suivi l'enseignement de l'historien de l'Antiquité Alfred von Domaszewski, il lui demanda conseil pour l'orientation nouvelle de ses études vers l'histoire, il s'entendit répondre qu'il devait renoncer à l'histoire ancienne et se diriger vers l'histoire juive ou l'histoire de l'Orient, alors qu'il n'avait manifesté aucune propension vers ces domaines. La judéité ne pouvait donc s'oublier, tant elle était désignée par l'autre.

Pourtant, Kantorowicz, en dehors de sa lettre de démission de 1933, ne parla jamais de la judéité. Comment comprendre ce silence ? Faut-il évoquer cette « haine de soi en tant que Juif » *(der jüdische Selbsthass)* analysée dans un essai qui porte ce nom, rédigé en 1930 par Theodor Lessing et consacré à six cas de l'Allemagne contemporaine, dont celui de l'antisémite juif Otto Weiniger est le plus célèbre. On pourrait évoquer aussi les propos xénophobes qu'Ernst Toller, Juif posnanien et socialiste, tenait à l'encontre d'Eugen Leviné dont l'origine russe et juive suscitait la haine à Munich en 1919, notamment dans ces milieux réactionnaires antisémites auxquels appartenait l'assassin d'Eisner, le comte d'Arco Valley, lui-même d'origine partiellement juive.

Cette polarité dramatique n'existe pas chez Kantorowicz, dont la culture purement allemande peut tout ignorer de la composante juive de son existence. Le réduit posnanien, si fortement orienté vers Berlin, n'inclut pas ces dépendances de culture juive traditionnelle et misérable que l'on trouvait dans la Galicie austro-hongroise que découvrait Gustav Mahler au cours d'une de ses tournées musicales et qui lui faisait écrire à son épouse Alma, de Lemberg (Lvov) : « Mon Dieu ! Et je suis, moi, apparenté à ces gens… » Pour Kantorowicz et pour ses sœurs ou ses cousins, l'université allemande constituait probablement un moyen d'oublier cette appartenance.

En fait, sur cette question de l'identité nationale, l'historien risque de se laisser prendre au piège de la reconstruction des faits à partir de leur point d'aboutissement. La question de l'appartenance nationale, après la guerre, se pose en des termes très ouverts, où l'antisémitisme ne constitue qu'un élément, parmi d'autres, des affects extrêmement divers qui se cristallisent autour de l'existence future de la mosaïque complexe du peuplement germain ou germanophone. La conscience d'une existence nationale du peuple juif à partir de l'expérience posnanienne ne va pas de soi. Entre les rêves d'une *Mitteleuropa* immensément déployée, les tendances particularistes, si actives dans la Bavière de 1919, et la volonté politique d'un renouveau de l'Empire allemand centré sur la

Prusse, la déclaration de l'unité allemande se fait à Weimar, au début de l'hiver 1919, presque au hasard, dans le vide immense creusé par la disparition des Empires et par les négociations de Versailles qui n'aboutirent qu'à l'été suivant. Des pans entiers de territoire demeurèrent à l'état virtuel de portions d'État ou de futures nations.

Dans ce contexte, l'aspiration nationale sioniste n'apparaissait, vue de Prusse, que comme l'une des multiples solutions nationales en compétition. Le mouvement animé par Jabotinsky présentait d'ailleurs tous les signes et les symboles des différents nationalismes qui animèrent l'Europe d'entre les deux guerres. Kantorowicz, qui n'en dit mot, avait dû rencontrer la virtualité sioniste à Poznan, bien sûr, malgré son faible développement local, mais aussi au cours de son long séjour en Turquie du Sud. L'ami d'Arthur Salz, Ahmed Djemal Pacha, joua un rôle essentiel dans la politique turque vis-à-vis de la communauté *(yishouv)* juive en Palestine. Djemal Pacha, gouverneur d'Adana, puis de Bagdad avant-guerre, devint en 1913 un personnage important de l'État turc allié de l'Allemagne. Gouverneur d'Istanbul, puis ministre des Travaux publics et de la Marine, il fit partie avec Enver Pacha et Talaat Bey, pendant la guerre, du trio qui dirigea de fait le pays, avec une compétence particulière pour les territoires de la Syrie et de la Palestine. Or il manifesta, au nom d'une fidélité à l'idée de souveraineté nationale turque, une hostilité soutenue contre l'installation juive en Palestine. Cette hostilité ne put anéantir les efforts d'installation, car elle était contrebalancée par sa très grande méfiance d'Ottoman à l'égard des indépendances arabes et par le soutien des autorités allemandes et austro-hongroises envers le sionisme, forme possible d'une colonisation germanophone dans une zone géographique largement soumise à l'influence anglaise ou française. Pendant les quinze mois que Kantorowicz passa sur les chantiers du chemin de fer de Bagdad, il dut être sensible à l'argumentation étatique, technicienne, de ce grand commis qui représentait l'État ottoman comme le résultat volontaire et organisé d'un effort dirigé contre les particularismes nationaux, arabes, arméniens ou juifs. Là encore, le biais d'Arthur Salz, qui présenta Djemal Pacha à Stefan George après la guerre, paraît aussi important que mystérieux. Et là aussi, un bref parallèle s'offre : l'Autrichien Paul Wittek (1894-1976), contemporain de Kantorowicz et, comme lui, membre du cercle George, devint un éminent spécialiste du monde turc en passant par le biais d'une fascination pour un monarque méridional énergique, Méhémet II, à qui Wittek consacra un cycle de conférences à Londres en 1937.

De cette expérience extrême de la guerre et de la perte du territoire natal, on ne peut croire que rien ne passe dans l'œuvre de Kantorowicz. Prise à son point d'arrivée et en passant sur les médiations qu'il faudra reconstituer à partir de ses textes et de ses activités de 1930 à 1950, l'interrogation qui donne sa cohérence à cette œuvre porte sur la nature fondamentalement construite et pensée du lien qui fait les communautés humaines, et en particulier l'État de type occidental. Or, en 1933, exactement un siècle après la naturalisation d'Hartwig Kantorowicz, le corps politique perdu en Posnanie, caché ensuite dans les profondeurs de l'Allemagne, était hideusement travesti par le national-socialisme ; il fallait en trouver l'assomption terrestre ailleurs, plus loin de la naturalité, de la naissance et de la nation.

## CORPS ÉTRANGER

Depuis 1930 et jusqu'à sa mort en 1963, Ernst Kantorowicz mena une carrière d'universitaire. Son parcours ne se perd plus dans l'obscurité qui nous a arrêté jusque-là : nous renoncerons donc aux vies parallèles et aux fictions métaphoriques ; désormais, la vie de Kantorowicz s'inscrit dans son œuvre ; des archives universitaires donnent des dates d'activité, des thèmes d'enseignement et de recherche ; les témoignages d'étudiants et de collègues abondent, les travaux se succèdent. La simplicité de cette phase de vie aurait dû combler les vœux d'un homme qui avait cherché, jusqu'à trente-cinq ans, l'institution englobante où s'inscrire et qui s'était dérobée dans les défaites ou les rejets. De fait, Kantorowicz a largement adapté sa métaphysique de l'État à l'université, conçue comme une cléricature laïque, selon un processus idéologique apparenté à celui de la théologie politique. Pourtant, cette carrière se construisit en une suite de ruptures et de chocs, comme la vie antérieure de Kantorowicz.

Nous l'avions laissé en 1927, sur le succès important de son *Frédéric II* : dix mille exemplaires s'en vendirent en quelques années. Le livre, malgré son épaisseur et la documentation considérable qu'il charriait, ne visait pas un public académique et n'impliquait aucune ambition professionnelle. Il appartenait en propre au cercle de Stefan George. Par un étonnant paradoxe, c'est sans doute son rejet par la critique universitaire qui décida de la carrière de son auteur. La réaction savante fut tardive, mais violente. Le 16 mai 1929, Albert Brackmann, professeur respecté et influent de l'université de Berlin, responsable de la grande revue *Historische Zeitschrift*, prononça, devant l'Académie prussienne des Sciences, une conférence intitulée « L'Empereur Frédéric II sous un regard mythique ». Cette conférence eut un retentissement immédiat dans la presse, puis son texte fut imprimé en 1930 dans l'*Historische Zeitschrift*.

D'emblée, Brackmann attaquait Kantorowicz sur les présupposés idéologiques qui, pour lui, entachaient son propos et qui expliquaient les erreurs historiques de l'ouvrage : « On ne peut écrire l'histoire ni en disciple de George, ni en catholique, ni en protestant, ni en marxiste, mais seulement en individu voué à la quête de la vérité. » Kantorowicz avait fait œuvre de mythographe en développant une image superficielle et brillante qui reliait la rhétorique des chanceliers de l'empereur et les ambitions poétiques et nationales des disciples de George. Brackmann s'employa donc à montrer comment la connaissance exacte des réalités historiques réduisait considérablement les interprétations de la figure de l'empereur et de sa grandiose métaphysique de l'État. Ainsi, le couronnement de Frédéric à Jérusalem, loin de le poser en maître du monde, donnait à Frédéric le gouvernement assez dérisoire d'un petit territoire oriental récemment et précairement conquis. La cérémonie n'avait rien du titanesque défi à la papauté, de l'imitation du Christ postulés par Kantorowicz. La pratique gouvernementale de Frédéric en Sicile devait se mesurer point par point, selon une comparaison précise avec les systèmes voisins. Ainsi observées dans leur contexte réel, celui de l'Occident chrétien, les vertigineuses filiations romaines et orientales perdaient de leur pertinence. Par exemple, les fameuses « Constitutions de Melfi » (1231), bases théoriques du pouvoir sicilien de Frédéric, ne laissaient pas à la nature la place que lui accordait Kantorowicz, mais manifestaient un souci de défense de l'Église proclamé dans tous les textes juridiques de l'époque.

Il est bien difficile pour l'historien d'aujourd'hui d'arbitrer le débat entre Kantorowicz et Brackmann, qui n'a rien de caricatural. La recherche récente, telle qu'elle est menée en Angleterre, par exemple, par David Abulafia, tend à observer dans le système politique de Frédéric, de fortes continuités avec le modèle de la monarchie normande de Sicile, qui n'avaient été notées par aucun des adversaires de 1929.

Mais plutôt que de réactualiser les termes de la dispute en mentionnant de nouveaux travaux, il importe d'en voir le sens général par rapport au métier d'historien. La vocation d'historien se mesure peut-être au désir d'être à la fois Brackmann et Kantorowicz, c'est-à-dire de faire alterner sans cesse la réduction et l'étonnement, l'ordinaire et l'exceptionnel, l'intempestivité et l'historicité, la distance et la projection. Il est bon de pouvoir à la fois enfoncer la mégalomanie frédéricienne dans le contexte lointain et compact de la monarchie sicilienne et de rêver à cette trouée dans le vraisemblable qu'offre par exemple ce passage des Constitutions de Melfi sur les ordalies, que ne citent ni Kantorowicz ni Brackmann et qui rompt avec ce que l'on croit savoir des mentalités médiévales : « Nous, qui étudions la science véritable des lois et rejetons les erreurs, abolissons de nos cours ces preuves que les simples appellent apparentes, qui ne tiennent pas compte de la nature physique ni ne correspondent à la vérité ; nous décidons que ces opinions doivent être frappées de nullité, et non pas simplement corrigées, puisqu'elles font croire que la chaleur naturelle du fer chaud peut se rafraîchir, ou ce qui est encore plus sot, devenir froid pur sans aucune raison valable, ou que l'eau froide ne peut accepter en elle un homme coupable en raison de sa mauvaise conscience, alors qu'en fait seule la rétention d'un volume suffisant d'air l'empêche de couler. » Certes, un médiéviste trouve sans trop de peine d'autres textes du XIII$^e$ siècle qui relativisent l'originalité de tels propos ; certes, on sait que l'Église interdit l'ordalie en 1215. Il n'en reste pas moins qu'une telle vigueur perce l'épaisseur des siècles et incite l'historien à poursuivre son jeu d'oscillation entre le présent et le passé.

Le type de critique énoncé par Brackmann se retrouva dans plusieurs recensions universitaires de l'ouvrage, dont les plus notoires furent celle de Friedrich Baethgen, savant estimé, qui devint plus tard l'ami de Kantorowicz, et celle de Karl Hampe, dont les propos de médiéviste d'Heidelberg et de sympathisant du cercle de George furent plus modérés. L'affaire Frédéric II prit un tour national lorsque Kantorowicz fut invité au 17$^e$ congrès historique allemand à Halle, du 22 au 26 avril 1930, qui portait sur « les limites, les possibilités et les tâches de l'interprétation historique ». La discussion tourna au procès de l'ouvrage de Kantorowicz, sur la ligne esquissée par l'article d'Albert Brackmann.

Les enjeux du débat de 1929-1930 dépassent largement son contexte du cercle de George. Brackmann, dans son exposé, avait opposé à la brillante fresque historique de Kantorowicz la tâche humble et nécessaire du travail d'érudition, d'établissement des faits, qu'il appelait le « petit travail » *(Kleinarbeit)*. Cette opposition forte entre la synthèse et l'analyse, entre l'interprétation et l'érudition, court depuis un siècle dans l'historiographie occidentale. Quelques années après le congrès de Halle, en 1934, un débat analogue se déroulait en France, autour de l'« affaire Jassemin ». Henri Jassemin était un archiviste, formé à l'École des Chartes, bastion de l'érudition analytique française, qui avait soutenu à la Sorbonne, en 1933, une thèse de doctorat d'État sur la Chambre des Comptes de Paris au XVᵉ siècle. Ce travail avait été salué par les historiens français et étrangers. Mais, en 1934, Lucien Febvre, qui venait, en 1929, de fonder avec Marc Bloch les *Annales d'histoire économique et sociale*, creuset du renouvellement de l'histoire française, publia un compte rendu d'une assez grande férocité, au nom d'un refus de l'érudition myope qui considère indistinctement toutes les institutions sans souci de comparaison et d'élaboration problématique. Jassemin répliqua vertement dans un article publié dans les *Annales* en opposant l'érudit au vulgarisateur. L'un fait le travail minutieux, obscur et nécessaire, l'autre en utilise les résultats pour des synthèses brillantes destinées à épater le public étudiant. Un conflit durable, toujours ouvert à ce jour, s'installait dans la corporation historienne. Il n'est pas sûr que ce type de débat influence heureusement la réflexion historienne, tant il mêle des problèmes de méthode et des conflits corporatifs ; l'affaire Jassemin a probablement infléchi la carrière de Lucien Febvre d'une façon perverse, en l'incitant, de façon concomitante et contradictoire, à accentuer l'allure érudite de ses recherches et à amplifier démesurément sa différence par rapport aux tendances chartistes : traquant partout l'« anachronisme » qu'il liait à la myopie devant le fait, Febvre a versé dans un historicisme excessif qui lui a fait construire la notion contestable d'« outillage mental ». En revanche, la dispute de Halle eut des effets heureux sur la pensée historienne de Kantorowicz.

En effet, cette période de débat, en 1929-1930, paraît capitale dans la vie de Kantorowicz car il sortit de l'atmosphère feutrée, de la complicité hautaine et amicale du cercle de George. Il répondit aux attaques de plusieurs façons : d'abord, il rédigea une réponse à Brackmann, *Regard sur le mythe* dont le titre *(Mythenschau)* répliquait à celui de son critique *(Mythische Schau)* ; tout en défendant son livre et en citant ses sources et les passages du texte qu'il estimait travestis, il développait un point de vue théorique qui devait orienter son œuvre ; il montrait que les mythes, loin de constituer une banale enveloppe rhétorique de la réalité, dont il fallait se débarrasser pour atteindre la substance du réel, constituaient des objets historiques à part entière, qui induisaient une causalité propre. Cette idée capitale, que le langage, aux côtés des structures de réalité, construit l'histoire, n'a pas encore fait son chemin dans l'historiographie actuelle, partagée inégalement entre l'étude du réel (qui doit écarter la pellicule du langage) et l'analyse des images de ce réel, abandonnée aux spécialistes de la distorsion et du miroir. Il est piquant de noter que cette idée, qui structure la pensée de Kantorowicz, n'apparaît guère dans le *Frédéric II*, qui à bien des égards relève du genre mythographique défini par Albert Brackmann.

Un deuxième type de réplique orienta la vie professionnelle de Kantorowicz, qui décida de proclamer son savoir en exposant son érudition. En 1930, il envisageait d'éditer des chroniques et de poursuivre la publication du *Regestum Imperii*, en collationnant les documents diplomatiques des derniers empereurs Hohenstaufen, dans le cadre des entreprises érudites et prestigieuses des *Monumenta Germaniae Historica*. Il s'employa à la rédaction d'un volume de notes et d'annexes, publié en 1931, comme tome second de l'ouvrage. L'examen détaillé de ce tome second montre que la plupart des recherches de Kantorowicz se firent après coup, au prix d'un travail enragé, mené en grande partie dans les locaux admirablement pourvus en instruments de travail, des *Monumenta Germaniae Historica* de Berlin. L'histoire est une science bien approximative : pourrait-on imaginer une science expérimentale qui construirait ses résultats avant l'expérience ? Et pourtant, soixante-cinq ans après, l'ouvrage de Kantorowicz garde sa valeur puissante, en dépit des corrections de détail qu'on peut lui apporter. Depuis ce temps-là, Kantorowicz se jura de ne jamais rien publier sans notes infrapaginales. Aux États-Unis, il protesta violemment quand l'Académie des médiévistes d'Amérique décida, pour des raisons d'économie, de publier la grande revue *Speculum* avec des notes reportées en fin d'articles.

La coexistence de l'érudition minutieuse et d'une totale liberté de choix dans ses sujets d'étude donne toute sa saveur à l'œuvre de Kantorowicz, qui ne fut jamais un spécialiste ni le gardien d'un champ historique. Ou plutôt, il fut un nomade de la spécialisation : arrêté par quelque objet dont il pressentait la bizarrerie, il s'en constituait le spécialiste instantané et provisoire. Ainsi de la quinité de Winchester : au départ, il n'y a que l'étonnement devant la singularité d'une représentation graphique, perdue dans l'immensité d'images presque analogues. Puis vient le moment de l'intense spécialisation : Kantorowicz part à la recherche éperdue de toutes les figures de gémellités trônantes, en établit le schème d'évolution et de transmission. Il ne revint jamais sur le sujet, mais, en quelques pages, il avait noué de puissantes corrélations qui nous en disent plus sur la conception de la dynastie et du droit d'aînesse que d'épais traités. Il s'agit, pour l'historien, d'attaquer la massivité obtuse du passé au défaut imperceptible de la cuirasse, d'avancer obliquement. Ce conservateur obstiné fut un grand anarchiste de la connaissance historique. Les contraintes du *Kleinarbeit*, qui lui furent dictées par le débat de 1929-1930, le poussèrent vers une herméneutique : l'énergie qui n'était plus investie dans la reconstruction mythique et extensive du passé, il l'employa au déchiffrement de sources minuscules ; la liberté qu'il perdait en s'imposant de tout prouver, de tout vérifier, il l'investit dans le vagabondage sans règle à travers les documents. Tel est l'enchantement de l'œuvre de Kantorowicz : à lire l'énoncé particulièrement restreint d'une étude, on sait d'avance que quelque fulgurance naîtra de l'infime pointe du silex.

La troisième réponse de Kantorowicz passa par l'institution : il paraît probable qu'il releva le défi universitaire en briguant un poste professoral à l'université de Francfort, malgré l'accueil de la corporation et en dépit du fait qu'il n'avait pas passé l'habilitation nécessaire à l'obtention d'un poste en Allemagne. Au printemps 1930, quelques semaines après le congrès de Halle, il adressa une demande au ministre du Culte de Prusse, qui, après consultation de l'université, lui accorda, le 11 août 1930, le grade de professeur honoraire, sans qu'il ait à passer par les échelons de *Privatdozent* ou de professeur extraordinaire. Ce statut de professeur honoraire, il est vrai, n'impliquait aucun salaire, comme, à un niveau inférieur, celui de *Privatdozent*. En outre la jeune université Goethe de Francfort, fondée en 1914, ne jouissait pas encore de la réputation de ses aînées vénérables, tout en se voulant ouverte à des nouveautés mal reconnues ailleurs. Curieusement, aux côtés du réactionnaire Kantorowicz, l'université accueillait les premiers membres, fort progressistes, du fameux Institut für Sozialforschung, qui devait donner naissance à l'École de Francfort. Et, en cette même année 1930, Norbert Elias (1897-1990), qui, comme Kantorowicz, était d'origine juive et issu des confins polonais de la Prusse (Breslau), fut nommé à Francfort comme assistant de Karl Mannheim.

Mais c'est surtout l'efficacité des réseaux liés au cercle George qui permit la nomination de Kantorowicz, contre l'avis de la Faculté et notamment de Fedor Schneider, titulaire de la chaire d'histoire médiévale. Les philologues antiquisants Karl Reinhardt et Walter Otto, admirateurs de George et de Nietzsche, agirent pour le candidat, aidés puissamment par le curateur de l'Université, Kurt Riezler, qui avait représenté le gouvernement allemand en Bavière lors de la répression des soviets à laquelle Kantorowicz participa.

Kantorowicz prit son service universitaire sans hâte, puisqu'il ne prononça sa leçon d'ouverture que le 20 juin 1931, après avoir livré à l'éditeur Bondi son second tome sur Frédéric II. Pendant les quatre semestres où il enseigna, il proposa des sujets de cours et de séminaires assez classiques et généraux qui le situaient dans sa nouvelle existence de médiéviste universitaire : le problème de la noblesse au bas Moyen Âge, le temps de l'humanisme, Gilles de Rome, l'historiographie du XIIIe siècle, histoire de l'Empire de l'Interrègne jusqu'à l'abdication de Charles Quint. Une carrière paisible et sûre s'annonçait. Le 27 février, le professeur titulaire de la chaire d'histoire médiévale à Francfort, Fedor Schneider, mourait et Kantorowicz brigua sa succession, qu'il obtint le 18 août 1932.

L'arrivée au pouvoir d'Hitler interrompit rapidement le déroulement de cette carrière. La loi du 7 avril 1933 excluait les Juifs de la fonction publique, à l'exception des combattants actifs de la guerre. Dans sa lettre du 20 avril 1933, déjà citée, Kantorowicz protestait contre la loi et informait le ministre prussien des Sciences de sa décision de ne pas assurer ses cours pendant le semestre d'été. Jusqu'à son départ définitif, Kantorowicz a pris soin de ne pas rompre définitivement avec l'université, peut-être dans l'espoir d'un changement de régime. Sa protestation n'allait pas jusqu'à une démission et il tenta de reprendre ses cours pour le semestre d'hiver 1933-1934.

Pourtant le pourrissement nazi s'étendait au cercle de Stefan George. Le maître, qui mourut peu après, le 3 décembre 1933, avait sans doute manifesté sa désapprobation du nouveau régime en se retirant en Suisse, près de Locarno ; il avait bien refusé en termes courtois la présidence d'honneur de la Société des poètes allemands que lui proposait son ancien admirateur Josef Goebbels. Mais aucune condamnation explicite n'avait tiré de son ambivalence un George qu'irritait tout au plus une enquête menée par le nouveau régime auprès de sa sœur pour mesurer la pureté de son ascendance. Kantorowicz poursuivit jusqu'à la fin sa correspondance avec le mage et, lors de son enterrement, tint, fidèle parmi les fidèles, un des cordons du poêle. Un membre du cercle, le psychiatre Kurt Hildebrandt, prit dès 1933 une carte du parti nazi, avant de publier, plus tard, un livre prônant l'eugénisme racial. Mais le coup qui dut le plus frapper Kantorowicz vint probablement d'une conférence prononcée, à l'occasion du soixante-cinquième anniversaire de George, devant les étudiants de l'université de Tübingen, par Woldemar Uxkull, le dédicataire de *Frédéric II* ; cette conférence sur « L'Ethos révolutionnaire chez Stefan George », signalait clairement le ralliement du baron balte au nazisme.

Kantorowicz commença l'enseignement du semestre d'hiver 1933, après avoir consacré, le 7 novembre 1933, la leçon de « ré-inauguration » de sa chaire au thème de l'Allemagne secrète, mais dut l'interrompre au bout de deux semaines en raison du boycottage bruyant et violent organisé par les étudiants nazis qui n'admettaient même pas la clause d'exception pour les Juifs anciens combattants. Dès lors, l'historien, après avoir demandé et obtenu un congé de l'université, accepta l'invitation que lui avait faite le New College d'Oxford pour un séjour sans enseignement *(senior fellowship)* de janvier à juillet 1934. Durant son séjour studieux à Oxford, Kantorowicz eut l'occasion de rencontrer brièvement Marc Bloch. De retour à Francfort, en juillet 1934, Kantorowicz s'apprêtait à demander une autre année de congé lorsque fut publiée, le 20 août 1934, l'obligation, pour les fonctionnaires, de prêter serment « au Chef de l'Empire et du Peuple allemands Adolf Hitler ». Il refusa, mais, en octobre 1934, il demanda au recteur de l'université de lui accorder le titre de professeur émérite, qui, en le retirant du service actif, le dispensait du serment de fidélité. Sa demande reçut une réponse favorable en novembre. Dès lors, Kantorowicz demeura encore quatre ans dans une Allemagne nazie de plus en plus menaçante ; son travail régulier aux *Monumenta* de Berlin ne s'interrompait brièvement que pour quelques séjours d'étude ou d'agrément en Italie, en Angleterre, en Belgique, en France et dans sa Posnanie natale, où il se rendit à deux reprises. Durant cette période, il publia peu et traduisit en allemand un choix de poèmes anglais qu'il intitula *Poèmes de la mort, de l'affliction et de la transfiguration*, qui resta manuscrit et qu'Eckhart Grünewald, son biographe de la période allemande, retrouva dans les papiers de la nièce de Kantorowicz, Beate Salz.

Le sentiment de détresse qui présida au choix et au titre de cette anthologie privée se retrouve en s'inversant en un éloge des bienfaits du repli hors du monde, que l'on lit, comme toujours chez Kantorowicz (hors de sa correspondance avec George), au travers du voile de l'érudition, dans un article destiné à un recueil de *Mélanges* qui devait être offert au professeur Ludwig Curtius à Stuttgart en 1937. Le recueil ne fut pas édité parce qu'il comportait trop de contributions juives et l'article ne parut, en allemand, que dans les *Selected Studies* de 1965. Il s'agit d'une étude sur « le retour de l'anachorèse (de la vie solitaire) savante au Moyen Âge » et notamment lors de la première période humaniste. Le texte s'ouvre sur cette déclaration : « Le lot du sage est la solitude » et poursuit ainsi, au milieu de l'examen savant des filiations de textes : « Voilà la vie salutaire, qui n'énerve pas le corps par l'intempérance citadine ni ne l'affaiblit par l'ascèse monastique : le *solitarius* jouit de son "savoureux déjeuner" et paie pour cela un prix léger et simple, afin d'accroître son bien-être et de faire advenir l'atmosphère nécessaire au travail savant. Voilà la fructueuse vie intellectuelle [*geistig*, intraduisible, renvoie à la fois à la spiritualité et à l'intellectualité, mais sans connotation religieuse ; un mot bien kantorowiczien] et artistique, qui permet de poursuivre sans trouble un entretien avec les grands hommes du passé et d'oublier la détresse du présent. » Mais après la « nuit de cristal » de novembre 1938, qui inaugura la phase ultime de la persécution des Juifs allemands, Kantorowicz se résolut à quitter le pays, grâce à l'appui de ses amis le comte Bernstoff et Helmut Küpper. En décembre 1938, il atteignit l'Angleterre. Après quelques semaines à Oxford, il rejoignit New York,

au début de l'année 1939.La date tardive de cet exil peut surprendre :
chaque mois qui passait augmentait les risques encourus par un Juif
allemand. Pourtant, le cas de Kantorowicz n'est pas isolé, loin de
là. À propos du serment de Berkeley, il évoquera l'aspect graduel
de l'emprise dictatoriale du nazisme. Chaque étape dans l'oppression
pouvait passer pour l'ultime. Seule une reconstruction du passé en
saisit la dynamique inexorable, la finalité dernière. L'expérience vécue
louvoie, l'histoire tranche. L'extermination nazie a un caractère irréduc-
tible ; la mémoire juive avait enregistré l'oppression comme moment
d'un cycle immense, depuis des siècles. Or les crises, dans ce cycle,
jusqu'à la République de Weimar, se faisaient peu à peu moins aiguës.
L'avènement du nazisme pouvait apparaître comme une brève anomalie
dans l'accomplissement lent de l'intégration juive, bien avancée en
Allemagne.

La décision d'émigrer aux États-Unis avait été secrètement préparée,
puis reportée : Robert Lerner a retrouvé un document qui montre que
dès le printemps 1934 (et donc depuis Oxford) le service des migra-
tions internationales américain avait reçu un *curriculum vitae* de la
part de Kantorowicz. Pourtant, si Kantorowicz, au dire de ses amis, a
constamment manifesté, de 1939 à 1963, un grand attachement au pays
qui l'accueillit et dont il devint citoyen en 1945, s'il refusa, cette même
année 1945, la chaire que lui offrit l'université libérée de Francfort,
rien ne le portait vers l'Amérique. Durant sa brève vie universitaire
allemande, il n'avait noué aucun contact avec ses collègues américains ;
par ailleurs, le cercle de Stefan George proclamait sa méfiance vis-à-vis
des États-Unis chargés de tous les maux de la modernité. Mais, pour
la première fois, Kantorowicz devait assurer son existence matérielle
et solliciter l'efficacité des réseaux d'aide aux réfugiés et notamment
du Metropolitan Emergency Committee for Displaced Scholars qui lui
trouva une dotation d'un an à l'université Johns Hopkins de Baltimore,
dont il ne profita pas, puisque, au cours de la réunion annuelle de la
Société médiéviste d'Amérique, il put se faire engager à l'université
de Californie à Berkeley : il y passa douze ans, de 1939 à 1951, avec
le grade de *lecturer*, provisoirement donné à tous les réfugiés, puis de
professeur, à partir de 1945.

C'est surtout à Berkeley qu'il exerça une fonction enseignante, tout
en demeurant fondamentalement continental. Son collègue et ami de

Berkeley, Yakov Malkiel, notait que, jusqu'à la fin de sa vie, il garda, malgré une parfaite maîtrise de la langue écrite, un net accent allemand. Mais, plus profondément, Kantorowicz gardait une certaine méfiance devant la religion américaine du fait, de l'empirisme intégral ; d'ailleurs, il influença peu l'historiographie américaine, en dehors du cercle étroit des disciples directs, comme Ralph E. Giesey, Michaël Cherniavsky ou Robert Benson.

Kantorowicz n'avait pas encore atteint le havre de paix et de labeur qui depuis toujours se dérobait à son séjour. En 1949, éclata l'affaire du serment de loyauté de l'université de Berkeley.

Cette affaire constitua un des plus célèbres épisodes de ce moment de l'histoire américaine qu'on nomma le maccarthysme, d'après le nom du sénateur Joseph MacCarthy, sénateur républicain du Wisconsin, qui s'illustra dans la mise en place d'un ensemble de procédures destinées à repérer et à sanctionner les communistes ou sympathisants marxistes aux États-Unis. Cette période de chasse aux communistes correspondit à peu près au moment de la guerre froide qui opposa les États-Unis à l'Union soviétique, de 1947 à 1954. Elle se termina en 1954, quand le Sénat américain vota une résolution qui condamnait les procédures mises en œuvre, mais les conséquences juridiques et professionnelles du maccarthysme se firent encore sentir longtemps après. Le processus avait commencé bien avant que MacCarthy n'apparaisse sur la scène publique. Dès le 22 mars 1947, l'administration Truman promulgua un décret fédéral qui établissait un programme de contrôle de la loyauté et de la sûreté nationales auprès des employés fédéraux. De nombreuses mesures analogues, à l'encontre de supposées sympathies nazies ou communistes, avaient été prises dès avant la Seconde Guerre mondiale, mais le décret de 1947 avait un sens politique clair ; le président démocrate Truman, qui avait affaire à un Congrès majoritairement républicain, jouissait d'une légitimité limitée, puisqu'il n'avait accédé à la présidence qu'en raison du décès de Roosevelt en 1945. Dans une atmosphère nouvelle, il jouait sa réélection pour l'année suivante en 1948. La progression régulière du système soviétique en Europe cristallisait d'anciennes paniques anticommunistes dans l'opinion. Les événements des années suivantes (le coup de Prague en février 1948, puis la victoire de Mao Zedong en Chine en octobre 1949, enfin la

guerre de Corée en 1950) augmentèrent encore la pression anticommuniste. Les parlementaires du Congrès et des États rivalisèrent de zèle,
au sein de la Commission des menées anti-américaines créée dès 1938.

Dans le monde universitaire, les interrogatoires et poursuites dirigés
contre des individus prirent un tour particulier en 1949, lorsque, à
Seattle, dans l'État de Washington, à la suite d'enquêtes menées par
les Comités de l'État, l'université licencia trois professeurs titulaires
de leur chaire *(tenured)*. Cette mesure ouvrait une brèche dans un
système des libertés académiques, à vrai dire assez fragile. L'université
de Californie, et notamment le campus de Berkeley, constitua, au printemps 1949, le second front des combats anticommunistes. Berkeley,
le plus ancien (1858) et le plus prestigieux des divers sites de l'université d'État de Californie, avait, depuis les années 30, la réputation
d'être ouvert aux influences libérales et socialistes. À l'automne 1940,
le bureau des régents de l'université, qui regroupait les délégués de
l'État de Californie et de quelques grands donateurs, avait congédié
pour marxisme le jeune assistant de mathématiques Kenneth May.

En 1949, la situation devenait plus grave ; le 17 mars, le Congrès
de l'État de Californie votait une motion de félicitations à l'administration de l'université de l'État de Washington et faisait envoyer une
copie de ce texte aux régents de l'université de Californie. Craignant
probablement de se trouver dépossédé par l'État de ses prérogatives
administratives, le bureau des régents entreprit de passer à l'offensive
et décida de demander à chaque membre de l'université un serment de
fidélité ainsi libellé : « Je ne suis pas membre du parti communiste,
et par aucun biais, ne suis partie d'aucun accord, ni soumis à aucun
engagement qui soit en conflit avec les obligations impliquées par le
présent serment. » La prestation d'un serment ne constituait pas une
nouveauté : déjà en 1942, l'université, imitant un usage créé à New
York en 1937, demandait une allégeance à l'État et à la nation. Mais
ce serment n'avait pas la coloration répressive de celui de 1949.

L'affaire n'éclata pas immédiatement, tant que la formule du serment
ne fut pas jointe, en mai, aux nouveaux contrats pour l'année suivante.
Le 14 juin, eut lieu, sur le campus, la première manifestation contre
le serment. Ce même jour, Kantorowicz prononça une protestation
solennelle devant le sénat de l'université. Dès le début de l'affaire,
il se trouva à la pointe du combat, en compagnie du professeur de

psychologie Edward Tolman et de David Saxon, qui devait, plus tard, devenir président de l'université. Le 4 octobre 1949, Kantorowicz envoya une lettre vigoureuse au sénat. Les deux textes furent imprimés par ses soins, un peu plus tard, sous le titre de l'*Enjeu fondamental*. Le conflit dura des années et les positions de résistance s'effritèrent peu à peu. À l'automne 1949, la moitié du personnel de Berkeley refusait de prêter serment. Le bureau des régents temporisa, en reportant au 30 avril 1950 la date limite pour la prestation du serment. Entre-temps, le sénat de l'université crut trouver un moyen d'échapper à l'affrontement en organisant un référendum à deux questions. La première portait sur la légitimité du serment : une très forte majorité se prononça contre l'obligation de jurer. La seconde question, destinée à calmer les ardeurs anticommunistes du bureau des régents et de l'État californien, touchait à la compatibilité entre le métier d'universitaire et l'appartenance communiste : le refus du communisme reçut une approbation aussi massive que le rejet du serment. Pourtant le bureau des régents ne se déclara pas satisfait de ce compromis et fit passer des auditions aux réfractaires, dont le nombre avait diminué : au printemps 1950, quatre-vingts membres de l'université durent faire la preuve de leur non-appartenance au parti communiste ; soixante-quatorze d'entre eux furent mis hors de cause. En juin 1950, seuls trente-neuf universitaires persistèrent dans leur refus. En septembre 1950, le gouverneur de Californie Earl Warren, qui devint ensuite célèbre à la tête de la Cour suprême (notamment pour sa direction de l'enquête sur l'assassinat du président Kennedy), tenta de trouver un compromis en faisant adopter une formule de serment encore plus répressive, mais qui ne s'appliquait plus exclusivement aux universitaires et leur donnait l'illusion de retrouver la liberté académique. Le dernier carré des résistants se rétrécit encore plus. C'est à ce moment que Kantorowicz, lassé de ces trop longs combats, démissionna de l'université de Berkeley. Après un séjour à la fondation de Dumbarton Oaks, près de Washington, il fut embauché en 1951 par l'Institute for Advanced Study de Princeton, non loin de New York, où il acheva sa carrière et sa vie en 1963. Pour la troisième fois, après l'alternative nationale de 1918, après le serment nazi de 1934, Kantorowicz se trouvait devant un choix sans échappatoire, une « airésis », en termes aristotéliciens. La suite de sa carrière, dans le plus prestigieux des établissements universitaires américains, ne doit pas atténuer le caractère dramatique de la résistance d'un homme constamment chassé, alors qu'il aspirait à l'ordre et à l'institution. Kantorowicz fut l'un des rares réfractaires qui n'appartînt pas à l'aile progressiste de l'académie américaine.

Pour Kantorowicz, le contenu du serment importe moins que le processus qu'il implique : « C'est un serment inoffensif qui enclenche ; il enclenche avant de produire ces changements qui le rendront, peu à peu, moins inoffensif : l'Italie de Mussolini en 1931, l'Allemagne d'Hitler en 1933 donnent des exemples terrifiants et clairs du processus inoffensif et graduel en rapport avec les serments politiques imposés. » Mais, au-delà de cette évaluation, qui explique peut-être les hésitations de Kantorowicz entre 1933 et 1938, l'enjeu fondamental qui apparaît dans le texte publié en 1950 concerne le statut de l'universitaire. Les débats de 1949-1950, au sein de l'université américaine, portaient sur le statut des professeurs titulaires de leur chaire et de l'autonomie des universités : un emploi garanti, sur concours et après une évaluation scientifique de la part de la faculté, pouvait être remis en cause par des autorités politiques ou judiciaires. Certains réfractaires, moins corporatistes, comme Chandler Davis, jeune mathématicien, époux de l'historienne Natalie Zemon Davis, qui paya sa résistance d'une incarcération et d'un long exil au Canada, se battaient au nom des droits de l'homme et du cinquième amendement de la Constitution des États-Unis, qui garantit la liberté d'opinion et d'expression ; ils défendaient aussi bien la cause des enseignants non titulaires.

Rien de tel chez Kantorowicz, homme de la hiérarchie, que l'association militante avec les progressistes n'avait pas sorti de son orientation foncièrement conservatrice, ancrée dans la lointaine Posnanie. En effet, Kantorowicz donne un sens presque transcendant à ce statut de titulaire ; il en fait l'équivalent de l'inamovibilité des juges : « Là où le principe de la chaire permanente *(tenure)* est violé, la liberté académique disparaît. Si un professeur n'est pas assuré de cette permanence d'emploi, s'il a à craindre le renvoi pour ses opinions hétérodoxes ou pour son non-conformisme, il perd sa liberté d'action et de parole. Cela vaut pour le juge qui perd sa liberté de conscience et sa liberté d'opinion si son jugement est influencé par la crainte de perdre son emploi. »

Cette conception de la *tenure*, chez un Kantorowicz immigré de fraîche date, tient en partie à une différence assez nette entre les systèmes universitaires des deux continents. Alors que la *tenure* américaine se définit d'abord comme une permanence d'emploi, accordée par un département, Kantorowicz l'entend au sens d'une chaire germanique, avec ses implications de transcendance et de statut social. Dans le système allemand, le professeur titulaire de chaire, par son traitement et par son prestige, se situe aux degrés les plus élevés de la société. Une autre différence joue dans l'organisation du corps universitaire ; l'historien de l'art Erwin Panofsky, continuateur de la grande tradition d'Aby Warburg et de Friedrich Saxl, qui sera le collègue de Kantorowicz à Princeton, où il s'installa peu après sa sortie de l'Allemagne nazie en 1933, donne un aperçu de cette différence, à laquelle devait être sensible un théoricien de la société comme corps : « Cette différence entre le système du département et le système de la chaire, comme on peut l'appeler, reflète non seulement une différence de conditions économiques et sociales, mais aussi une différence dans la conception même de l'enseignement supérieur. Idéalement [...], l'université européenne, *universitas magistrorum et scholarium* est un corps de maîtres, entourés chacun d'une cohorte de *famuli*. Le collège américain est un corps d'étudiants confié à un personnel enseignant. »

Kantorowicz, lui aussi, s'est livré à une comparaison entre les systèmes américains et continentaux, au cours d'une conférence donnée en 1945 à Mills College, en Californie. Après avoir évoqué les souvenirs de sa cohabitation avec les étudiants de Berkeley, dans une résidence universitaire du campus, il oppose la lourdeur bureaucratique américaine à l'autonomie légère des universités allemandes d'avant 1933. Il cite un propos qu'il attribue à Max Weber : « L'université allemande est une démocratie dans un État autocratique ; l'université américaine une autocratie dans un pays démocratique. » Pour Kantorowicz, la supériorité de l'université allemande réside dans son caractère élitiste (un étudiant pour mille habitants avant 1933) qui permet la liberté d'enseigner *(Lehrfreiheit)* et la liberté d'apprendre *(Lernfreiheit)*.

Le patriotisme universitaire de Kantorowicz se construit autour de l'idée qu'il se fait du savoir, et non autour de l'institution singulière (Berkeley) ; tout en étant parmi les plus fermes résistants, il refusa constamment le principe de la grève universitaire, en affirmant qu'elle constituait une autodestruction du savoir ; d'un autre côté, il n'accorda aucune attention aux arguments des réfractaires qui, peu à peu, se résignaient à signer en invoquant les menaces que la crise faisait peser sur le prestige du campus de Berkeley.

Dans son texte de 1950, Kantorowicz ne se limite pas à ces considérations corporatives et il élargit son propos à une véritable théorie de la cléricature : « Il y a trois professions qui sont habilitées à porter la robe, celle de juge, de prêtre et d'universitaire. Ce vêtement atteste la maturité d'esprit de celui qui le porte, son indépendance de jugement et sa responsabilité directe devant sa conscience et son Dieu. Il signifie la souveraineté intérieure de ces trois professions liées entre elles. Elles doivent être les dernières à se permettre d'agir sous la contrainte et d'obéir aux pressions. »

Kantorowicz concevait donc la profession universitaire comme un *corps sacré*, mais empreint d'une sacralité immanente ; la science joue dans sa définition la fonction de la conscience pour le juge ou du service divin pour le prêtre. Cette conception, dans la vie de Kantorowicz, remonte probablement au temps du cercle de Stefan George et de sa construction mystique du savoir ; elle se trouvait, dans les années 20, chez Max Weber, qui avait analysé la condition d'universitaire comme *Beruf*, c'est-à-dire à la fois comme profession et comme vocation ; or c'est autour de ce terme de *Beruf* que Weber avait développé sa célèbre analyse du calvinisme comme incitateur de l'esprit capitaliste, conçu comme une application au monde terrestre de la vocation à Dieu, détournée de son but par l'inaccessibilité du divin. L'exaltation du savoir et de sa forme institutionnelle, l'université, entre exactement dans le schéma de « désenchantement du monde » producteur de la modernité sans Dieu.

On devine assez aisément, chez Kantorowicz, un agnosticisme complet (et probablement un athéisme) chargé, cependant, de la nostalgie de la puissance du religieux comme ciment de la communauté humaine. C'est ce cléricalisme sans la foi, plus qu'une compétence technique qui s'est portée librement sur bien d'autres périodes, qui attache le plus Kantorowicz au Moyen Âge : peut-on aimer le Moyen Âge sans être fasciné par l'invention ecclésiale, par l'immense élaboration sociale et culturelle opérée par la force d'un discours religieux qui entreprenait de construire totalement le réel ? Le Moyen Âge, du moins, jusqu'au

XIV$^e$ siècle, jusqu'au moment où le religieux cessa d'être un savoir total pour s'atomiser dans l'intériorité individuelle de la foi, constitua un moment rare, ou unique, où l'« intellectuel », le clerc, puis son frère cadet le juriste, façonnèrent le monde.

La construction de la « théologie politique » projette sur le matériau historique qu'il se choisit ce renversement du désenchantement wébérien du monde. La période 1933-1938, et plus particulièrement le séjour à Oxford, tout en dégageant, dans le repli au sanctuaire du savoir, la figure de l'intellectuel ascétique, produisit les premiers éléments de cette théologie politique. Les critiques de *Frédéric II* avaient reproché à Kantorowicz d'accentuer indûment l'opposition entre la grâce et la nature, comme fondement de la lutte entre l'empereur et le pape. Karl Hampe avait montré que le diptyque composé de Frédéric et de saint François d'Assise avait quelque chose de forcé, puisque l'histoire ne désignait entre eux aucun lieu réel de rencontre et d'opposition. Or, dans les années 30, Kantorowicz retrouve la narration historique en projetant le paradigme mythique des grands mystiques du lien social (le pape et l'empereur, Frédéric et François), sur l'axe du temps historique, par le biais de l'érudition minutieuse. L'érudition miniaturiste, chez Kantorowicz, a certes, on l'a dit, la charge d'une légitimation professionnelle, mais elle a aussi pour fonction d'assurer la recevabilité d'intuitions fondamentales, d'ordre existentiel.

Ainsi, lors de son séjour de 1934 à Oxford, Kantorowicz donna deux conférences à St. John's College et à la Mediaeval Society sur le thème wébérien de la « sécularisation du monde » au Moyen Âge. Mais, à la différence de Weber, il construisait l'histoire du « réenchantement du monde » par la captation profane de la symbolique chrétienne. Du temps d'Oxford date le début de la recherche qui conduisit en 1949 à la publication des *Laudes regiae*, cette étude très technique de l'utilisation impériale et royale de la formule chrétienne d'acclamation « *Christus vincit, Christus regnat, Christus imperat* ». Pour l'instant, cette forme prototypique de la théologie politique se limite aux formes du transfert profane ; les travaux de la période américaine, couronnés par *Les Deux Corps du Roi*, l'étendront au domaine des significations. Mais dès le temps de l'exil européen, l'intérêt de Kantorowicz s'était déplacé de l'empereur exceptionnel vers Pierre de la Vigne, du héros intempestif vers les ascétiques et modestes constructeurs secrets de la communauté humaine. En effet, il fit paraître en 1937, dans une revue autrichienne, qui, avant l'*Anschluss*, publiait encore des auteurs juifs, un article sur « Pierre de la Vigne en Angleterre ». Par une heureuse harmonie de l'histoire, l'article de 1937, qui proclamait la haute nécessité des intellectuels, permit à Kantorowicz de se faire embaucher à Berkeley en 1939, où était vacante une chaire d'histoire constitutionnelle anglaise. Or cet article, dans sa stricte érudition, proposait une hypothèse neuve : l'historiographie anglaise a toujours privilégié l'idée d'une autochtonie de la constitution du pays, fondée sur la *Common Law*. Kantorowicz avait trouvé une preuve indéniable de l'influence italienne sur la gestion gouvernementale anglaise.

Dans *Frédéric II*, Pierre de la Vigne, chancelier, « logothète » de l'empereur, apparaissait comme le technicien intellectuel de la métaphysique frédéricienne de l'État. Ici, c'est le chancelier qui passe au premier rang, par son œuvre. Kantorowicz, en examinant minutieusement le style des chancelleries anglaises du XIII<sup>e</sup> siècle, repère des influences sûres du style de Pierre de la Vigne, qui importent, car les textes de chancellerie, au Moyen Âge central, inventent une façon de gouverner, de classer les sujets, de fonder le pouvoir royal. La Sicile, par une transmission réelle, mais à peine matérielle, se transportait en Angleterre, grâce à une découverte faite au moment même où Kantorowicz trouvait à Oxford la voie du repli, loin du rêve dispersé de l'Allemagne cachée dans les splendeurs du Midi. Un des derniers essais de Kantorowicz (« Le prologue de Fleta et l'école de Pierre de la Vigne »), publié en 1957, confirma cette trouvaille. En travaillant sur les rhéteurs et sur les gens de chancellerie, Kantorowicz commençait à esquisser le portrait de l'« intellectuel » du Moyen Âge, selon l'heureux et volontaire anachronisme de Jacques Le Goff. Plus tard, et jusqu'à la fin de sa vie, Kantorowicz s'intéressera aux auteurs d'arts épistolaires *(ars dictaminis)*. Dans l'Italie des communes du XII<sup>e</sup> et du XIII<sup>e</sup> siècle, le maître épistolier n'est pas un simple professeur de style ; par le biais de la lettre, conçue comme un moyen de persuasion et de domination, par la rédaction de statuts politiques, il a l'ambition de guider ses concitoyens. Il joue sur la proximité sonore entre *rhetor* (le rhéteur) et *rector* (le dirigeant). De fait certains d'entre eux deviendront *podestà* (dirigeants d'une cité choisis à l'extérieur de la ville) de cités d'Italie centrale ou septentrionale. C'est ce mélange de puissance réelle, par le simple fait de la maîtrise créatrice du langage, et de mégalomanie d'artiste qui a attiré l'attention ironique et sérieuse de Kantorowicz. Ainsi, en 1943, il déchiffra un obscur passage d'un prologue de recueil épistolaire dû à Guido Faba, rhéteur du XIIIe, qui, en termes cryptiques, proclamait la primauté de son art sur la technique notariale et sur la science du droit. Caché derrière ses hiéroglyphes ou derrière l'anonymat, le rhéteur dissout son individualité dans la conscience supérieure de la nécessité de son art ; un autre essai de 1943 (« La *Gemma aurea* anonyme ») analyse le mélange curieux d'humilité anonyme et de cet orgueil extrême que signale le choix de titres mystiques pour les recueils de lettres (la Gemme, le Rosaire, l'Aurore). Les rhéteurs, discrets maillons dans la chaîne du savoir profane qui parasite peu à peu celui de l'Église, annoncent la cohorte des juristes, qui dans les tréfonds du Moyen Âge, élaborent fragment par fragment la théorie des deux corps.

Ce sont ces hommes du savoir sécularisé qui forment derrière la brillance superficielle des corps apparents et peints le second corps caché et créateur de l'humanité ; cette esquisse du grand œuvre de 1957, dérivée sur l'incessante rêverie frédéricienne, se trouve, bien avant les travaux préliminaires des années 50, dans un article publié en 1939 dans le *Journal of the Warburg and Courtauld Institute*, « Le portrait Este par Roger de La Pasture » (Rogier Van der Weyden en transcription flamande). Cet article relève de la tendance « miniaturiste » de Kantorowicz : il donne une nouvelle identification au sujet d'un portrait d'un membre de la famille princière d'Este, peint par Roger de La Pasture au milieu du XVe siècle. Mais l'article s'ouvre sur un déplacement d'éclairage, du sujet princier vers l'artiste tapi dans le secret de son œuvre : « C'est un problème irrésolu que de savoir si la mémoire vive que nous gardons des princes de la Renaissance est due à leur propre génie ou à celui des artistes qui ont transmis l'essence de leur être à la postérité. Les poètes et les artistes – selon la doctrine italienne du temps – ont offert leur immortalité aux princes... Les princes de la Renaissance semblent donc mener une double vie dans leur postérité : l'une vient d'eux-mêmes, l'autre leur est offerte par les artistes. L'image qui domine dans notre souvenir est d'autant plus forte qu'elle est proche de l'apogée de la Renaissance et que l'artiste est guidé par sa propre liberté et sa propre imagination. »

Kantorowicz assumait l'héritage de l'artiste, par le biais de l'université, au moment même où ce second corps d'immortalité profane s'effritait sous les coups du fanatisme politique. Il fallait encore un degré de plus dans le retrait hors du monde, et pourtant dans le monde.

# DOUBLE CORPS

Une fois encore, c'est une crise de légitimité, celle de l'affaire du serment de Berkeley, qui installe pleinement Kantorowicz dans l'institution. Le volume posthume de ses *Selected Studies* donne une image claire de cette stature magistrale : le grand in-quarto, solidement relié en une toile grise sur laquelle se détachent, en or, les initiales E.K., s'ouvre sur un portrait photographique du maître dans son bureau de Princeton, devant des rangées de livres, le regard perdu dans ses pensées ; la rigidité de l'attitude et la solennité du nœud papillon se tempèrent de la familiarité libérale conférée par la veste de tweed anglais et la cigarette qui se consume entre deux doigts. Puis vient une inscription latine composée par Erwin Panofsky : D.M. ERNESTI H. KANTOROWICZ MAGISTRORUM MAGISTRI DISCIPULORUM DISCIPULI AMICORUM AMICI VITAM AMAVIT MORTEM NON TIMUIT. L'année précédente, en 1964, la revue *Speculum* avait publié une notice nécrologique sous la triple et prestigieuse signature d'Erwin Panofsky, historien de l'art, de Gaines Post, expert en histoire du droit et de la corporation au Moyen Âge, et de Joseph Strayer, spécialiste de l'histoire politique médiévale. Ce savant dosage de spécialités devait correspondre aux composantes de l'œuvre du maître. La notice énumère méticuleusement les marques de l'insertion de Kantorowicz dans l'institution académique : membre de l'Académie médiéviste d'Amérique, de la Société américaine de numismatique, de l'Institut archéologique allemand, de l'Académie américaine des arts, de la Société américaine de philosophie, correspondant de l'Académie royale d'histoire de Madrid, titulaire de la Médaille Haskins décernée par l'Académie médiéviste d'Amérique. Aux éloges et aux listes des honneurs reçus, s'ajoute une brève biographie, qui dessine l'image académique idéale à laquelle aurait dû se conformer l'existence de Kantorowicz, au prix de rectifications considérables : en effet, les auteurs font commencer les études de Kantorowicz à Berlin et à Munich, avant la guerre de 1914, qui se réduit à l'interruption circonstancielle d'un dessein fermement établi, puisque ces études sont censées porter dès le début sur la science historique. Kantorowicz est blessé « pour son pays » ; on ne mentionne pas la blessure reçue au service de la réaction bavaroise, non plus que sa participation aux combats de Berlin. Le séjour de 1934 à Oxford devient la première étape de l'exil et du rejet du nazisme. On peut se demander si cette reconstruction hagiographique procède de l'erreur ou bien d'un pieux conformisme. Kantorowicz, dans son *curriculum vitae*, n'a jamais dissimulé son passé allemand et Panofsky, qui était installé à Princeton depuis 1935, avait dû avoir accès au dossier de Kantorowicz au moment de son recrutement en 1951.

Cette retouche, littéralement fausse, a peut-être quelque vérité, si l'on considère qu'après les tourments et les violences antérieurs, Kantorowicz, en arrivant à l'âge de cinquante-cinq ans à Princeton, aspirait aux honneurs et à la sérénité que confère un statut prestigieux. L'Institute for Advanced Study, qui ne dispense pas directement d'enseignement, lui offrait le refuge savant et feutré dont il avait rêvé quand il rédigeait, dans l'Allemagne en feu, son essai sur l'anachorèse du savoir. Il ne renonça par totalement à l'enseignement, car l'Institut n'était pas dépourvu de séminaires et, parallèlement à ses fonctions, il avait reçu la charge de *visiting professor* à l'université voisine de Princeton. Mais, pour l'essentiel, ses interlocuteurs de la période 1951-1963, étaient soit ses collègues, permanents ou de passage, de l'Institut, soit ses anciens élèves de Berkeley, quelquefois associés pour un temps à l'Institut. Ralph Giesey, son étudiant de Berkeley, devint son assistant à Princeton en 1953. Kantorowicz, entouré d'un petit nombre d'amis et de disciples, qui se réunissait en séminaire au domicile privé du maître, reprenait, à Princeton, le rôle qu'avait joué Stefan George à Heidelberg.

Par des rectifications de dates, cette reconstruction établit une visée continue dans l'existence de Kantorowicz : un universitaire européen émigré se voue, dès sa jeunesse, à l'étude patiente et érudite. L'identité qui avait sans cesse fui sous les pas de Kantorowicz s'épaissit autour de lui. Au terme de ce parcours biographique, l'image du monument respectable, logée dans le grand livre de l'époque de Princeton, *Les Deux Corps du Roi*, écrase à nouveau l'homme Kantorowicz. Le livre, dans son ampleur érudite, manifeste l'accomplissement d'une carrière. Le Kantorowicz des narrations successives s'efface derrière l'auteur d'un livre qui confirme ou dévoile un sens déjà inscrit dans des généalogies. La retraite de Princeton, à l'écart du monde, ne permet plus au biographe de faire jouer, dans la dynamique de l'action, la singularité de l'individu.

Pourtant, une dernière narration, incluse, cette fois, dans le texte même de l'historien, peut arracher Kantorowicz à la rigidité de l'institution ou de l'idéologie. En effet, *Les Deux Corps du Roi* construit le récit savant d'une suite d'actes de langage, où le parcours chaotique de Kantorowicz prend un sens (son sens ?). Suivons d'abord le grand récit de l'invention de l'État moderne.

Lorsqu'il achève *Les Deux Corps du Roi*, Kantorowicz a montré qu'un ressort essentiel de la vie politique, l'assentiment à l'État, passait par le travail métaphorique, qui structure invisiblement la totalité du langage de la communauté occidentale entre le XIII⁰ et le XVII⁰ siècle.

La théorie des deux corps, explicite dans sa version absolutiste au XVI⁰ siècle, se présente comme une métaphore étrange, qui fait lire dans un même être – le souverain – une réalité propre (cet individu royal concret) et une réalité figurée (le Roi perpétuel). Les deux faces de la métaphore s'articulent en diverses gloses de surface : le figuré exprime un mystère royal, ou bien le principe dynastique, ou encore la nécessité de la perpétuité des dignités attachées à la communauté humaine.

La métaphore royale, présente sous une forme descriptive chez les juristes élisabéthains, sous une forme rituelle (l'effigie funéraire française aux XV⁰ et XVI⁰ siècles analysée par Kantorowicz lui-même et par son disciple Ralph Giesey) semble être l'application particulière et tardive d'une formule plus ancienne et générale, *Dignitas non moritur* (La dignité ne meurt pas), elle-même métaphorique.

Prises ensemble, ces métaphores emboîtées désignent l'État, être de
physionomie personnelle et de constitution impersonnelle. Par cette
découverte, Kantorowicz a permis à la fois un gain et une économie
de causalité : le grain consiste à se doter d'un lien causal entre les
réalités socio-économiques certaines qui font naître (ou renaître) l'État
au xvᵉ siècle et les mentalités, qui ne peuvent recevoir directement
la nécessité étatique. L'économie substantielle porte sur la croyance.
L'analyse de Kantorowicz nous permet de comprendre qu'entre l'action
et la pensée, entre la pratique et la croyance, le langage glisse son
efficacité propre, dans l'éclat joyeux des surfaces. L'autonomie de
cette causalité du langage apparaît clairement dans l'ouverture du livre
de Kantorowicz : après avoir livré les textes sérieux qui décrivent la
dualité corporelle des rois chez les juristes élisabéthains, Kantorowicz
en donne un contrepoint bouffon, avec le *Richard II* de Shakespeare :
cette variation de registre sépare d'emblée la métaphore (sérieuse et
bouffonne) des référents d'institution ou de croyance. La minutieuse
exploration généalogique de la construction métaphorique, tout au
long de l'ouvrage, vise à démonter des mécanismes de langage (de
langage-pensée) dans leur souplesse, sans jamais théoriser sur la référence ultime du signe métaphorique, l'État. L'État peut se dire (et, en
fait, se dit nécessairement, mais l'élégance de Kantorowicz s'arrête
avant cette affirmation) avec ce matériau.

Seul un chapitre semble agrafer ensemble le langage et la référence,
coller la métaphore à la croyance : lorsque l'analyse porte sur des temps
plus hauts (xᵉ-xiᵉ siècle), sur la souveraineté « centrée sur le Christ »,
avec cette mythique cohésion des époques antérieures, le langage, pour
Kantorowicz, exprime sans travail une croyance (le roi, ou l'empereur,
est le Christ). Or il se trouve que ce chapitre, seul dans l'ouvrage de
Kantorowicz, a été invalidé par la critique récente qui a, précisément,
réintroduit la dimension autonome du langage dans les deux représentations qui servent de preuves à Kantorowicz pour établir l'hypothèse
d'une continuité directe entre la pensée institutionnelle et la croyance :
le frontispice de l'évangéliaire peint à Reichenau pour Othon II (fin
xᵉ siècle) et le texte de l'Anonyme d'York (fin xiᵉ siècle). Ces deux
sources prouveraient la réalité d'une institution de l'analogie entre
l'empereur et le Christ. Or le phylactère qui, sur l'image de Reichenau,
barre la poitrine de l'empereur et que Kantorowicz prenait pour un

indice pictural de la séparation des deux natures (céleste et terrestre) du souverain, s'explique par le folio précédent de l'évangéliaire, où le moine Liuthar, copiste et illustrateur de l'évangile, se représente lui-même, le regard tourné vers la scène de majesté ; il désigne cette banderole comme l'évangile même qui doit envelopper le cœur de l'empereur et l'inciter à garder souvenir du moine (« Avec ce livre, empereur Othon, puisse le Seigneur vêtir ton cœur et souviens-toi que tu en as fait commande à Liuthar »). Par ailleurs, le texte de l'Anonyme d'York, sans doute rédigé par l'évêque Guillaume de Bonne Âme, servait d'exercice dans les écoles, en vue du maniement de la dialectique. Certes, les sentiments antipontificaux et pro-impériaux de l'auteur ne font guère de doute, mais l'excès de la formulation dérive du souci de pousser un raisonnement à ses extrêmes. L'ironie de Liuthar et du maître d'York avait pris en défaut, pour une fois, l'humour heuristique de Kantorowicz.

Revenons donc à la grande réussite de Kantorowicz. Son analyse déploie lentement les composantes complexes de la grande métaphore des deux corps et les place dans des séquences à la fois chronologiques et verbales. Ces composantes se cristallisent de temps à autre dans des propositions fortes, conservées en réserve (« stock ») et réutilisées pour une élaboration ultérieure. Ces propositions (ou éléments verbaux) rares, que Kantorowicz appelle parfois des « fictions », ou des « thèmes » (à prendre au sens musical, car ils impliquent des variations), issues de domaines variés, sans auteurs individualisés (un auteur peut parfaire un processus ; il ne le crée pas) annoncent d'assez près les « énoncés » décrits par Michel Foucault dans l'*Archéologie du savoir*.

Pour saisir le fonctionnement de ces éléments verbaux, il faut partir du principe central qui structure les *Deux Corps : Dignitas non moritur*, la dignité ne meurt pas. Cette formule contient indiscutablement quelque chose de métaphorique, avec un terme propre (la dignité, l'office) et un terme figuré représenté dans le verbe mourir. Si l'on considère que le processus métaphorique porte essentiellement sur le prédicat, on a affaire à une métaphore usée ; au XIVᵉ siècle, Lucas de Penne glose « ne meurt pas » en « dure toujours » *(quod semper est)*. L'affirmation paraît banale : elle étend à l'institution laïque un principe établi dans le domaine religieux : l'Église, le siège apostolique ne meurent pas. L'histoire institutionnelle constate un déplacement, une captation.

Le coup de génie de Kantorowicz consiste à repérer une métaphore vive en plaçant l'accent métaphorique sur le thème et non plus sur le prédicat. Si la dignité ne meurt pas, c'est qu'on la compare à un être vivant, à une personne.

Le prédicat *non moritur* construit donc un paradigme des sujets vivants et immortels, où se mêlent les institutions (métaphores mortes), les sujets célestes (prédication théologique) et les personnes mythologiques (allégories) ou fictives (métaphores vives) : empire, corps mystique, ange, Christ, Fisc, Roi, Phénix. Des figures rhétoriques secondaires ajoutent de la cohésion à ce paradigme : un rapprochement de sonorités ($i - s - us$) qui unit *Christus* à *Fiscus* (le « fisc », domaine inaliénable du roi, préfiguration de l'État), une métaphore secondaire (le roi/le Roi) qui institutionnalise la personne royale, une métonymie (l'objet partiel *fiscus* pour la totalité : l'État ou le royaume), une allégorie (le phénix représente la perpétuité de la dynastie, toujours identique et renaissante ou bien illustre l'idée abstraite d'un genre formé d'un seul individu).

La construction de ce paradigme puissant s'opère par un travail du langage sur des sens fluctuants empruntés à des domaines divers, sans retour nécessaire à la substance politique, à la référence ; Kantorowicz repère ce travail par une analyse archéologique, de la surface explicite et apparente vers des surfaces anciennes et enfouies.

La force de l'énoncé, de la fiction, ou de l'art (cette imitation de la nature qui la dépasse, selon les analyses des scolastiques) réside dans sa capacité à transformer le monde : l'énoncé ne décrit pas, il agit. La métaphore-énoncé dépasse largement la fonction d'une comparaison expressive : ainsi, en 1025, Conrad II, roi d'Italie et empereur, morigène les habitants de Pavie qui ont pillé le palais de son prédécesseur Henri II sous couleur qu'ils n'avaient plus de roi ; le palais n'avait plus de possesseur. Conrad rétorque : « Si le roi a péri, le royaume est demeuré, comme demeure le navire quand meurt son pilote. » Cette comparaison semble ruiner les efforts de Kantorowicz (qui signale lui-même l'anecdote), puisque la comparaison dit, à sa manière spontanée, que la dignité ne meurt pas, avant l'immense construction faite entre le XIII$^e$ et le XVI$^e$ siècle. Mais la comparaison du navire reste immanente au langage : elle peut être niée, refusée, ignorée. L'action propre et collective de l'énoncé (de la fiction, du thème, etc.) tient à ce qu'il s'impose dans le langage. On ne peut plus parler de la royauté sans faire place à la grande métaphore. Les énoncés retrouvés par Kantorowicz occupent exclusivement le discours, même s'ils permettent de tenir des propos divers et opposés. Présupposition universelle, l'énoncé préexiste aux langages singuliers ou pluriels, tout en s'intégrant à eux et en se travaillant parmi eux. Le langage rare de l'énoncé fait l'histoire en créant une identité collective dans la tour de Babel des discours particuliers.

Par le travail discursif de quelques juristes et artistes, l'homme occidental construisait l'espace imaginaire et efficace de l'institution où l'individu peut exister à la fois collectivement et singulièrement. L'instauration générale de l'État et de la notion de bien public a fait oublier la nouveauté de ce processus qui structure des populations en proie à l'émiettement féodal, à des fidélités parcellaires et contradictoires. L'identité collective n'allait pas de soi ; elle se dérobait à l'individu, comme elle avait sans cesse échappé à Kantorowicz, avant de trouver une forme abstraite et idéale, dans la retraite de Princeton et dans la rédaction même du livre.

Il avait tenté de loger cette identité forte, ce second corps perpétuel et immanent, dans la patrie prussienne en 1914-1918, dans l'État allemand en 1919, dans la Germanité secrète entre 1920 et 1933, puis dans l'université de 1930 à 1949. Le parcours biographique, si on ne le réduit pas à une simple errance politique, rend compte de cette obsession de la double appartenance ontologique. Fortement inscrite dans le statut de Juif allemand et dans le refus de cet écart, elle s'éprouva d'abord négativement, comme chirurgie du corps national : l'identité allemande, en Posnanie, se donnait ou s'ôtait par greffe ou par ablation, ou, en termes grammaticaux, par préfixation : à la Ver*deutschung* (germanisation ; mais il faudrait traduire par « allemagnisation », car il ne s'agit pas simplement de l'importation d'une culture et d'une langue) prônée par les fonctionnaires prussiens du XIXe siècle, faisait écho, en 1919 l'Ent*deutschung* (dégermanisation) polonaise, qui donna son titre à un ouvrage, paru en 1930, d'Hermann Rauschning, originaire de la Prusse occidentale voisine et compagnon d'Hitler, avant de s'éloigner du nazisme. Mais en regard de cette séparation de corps, l'expérience de la guerre avait posé le mystère de la cohésion du groupe, si puissante qu'elle neutralisait le désir individuel de survie.

Chez Kantorowicz, cette conception du double corps ne cessa de se restreindre dans son application existentielle et de s'élargir dans sa construction théorique. Au moment de la rédaction des *Deux Corps*, l'appartenance seconde se trouve, au-delà de la forme étatique repérée à la fin du Moyen Âge, dans la condition d'homme, l'*humanitas* dont il discerne la définition chez Dante, objet d'une admiration qui ne se démentait pas depuis l'époque de *Frédéric II*.

Ce cheminement fait de Kantorowicz l'analogue d'un homme du Moyen Âge, qui passerait de l'immense solitude féodale à l'élaboration humaniste de Dante. De fait, *Les Deux Corps du Roi* est peut-être le seul texte purement médiéviste de Kantorowicz ; partout ailleurs, le Moyen Âge apparaît comme un milieu de transmission et de reconstruction de cette Antiquité où se levaient les soleils héroïques de la pensée. Ralph Giesey rapporte que Kantorowicz s'intéressa particulièrement à la thématique du double corps parce qu'il n'en voyait pas d'origine en deçà du Moyen Âge occidental. Quelle singularité médiévale peut engendrer l'élaboration de l'identité corporative, sinon l'existence de l'Église chrétienne, arc-boutée sur l'Incarnation de Dieu ? Précisément, dans le sous-titre de son livre, Kantorowicz nomme le processus qu'il décrit : l'Occident médiéval a élaboré une « théologie politique ». Ce terme étrange peut se lire selon plusieurs versions concurrentes ou complémentaires.

Une première version rattacherait la théologie politique à Max Weber et à sa thématique du « désenchantement du monde » : le monde moderne européen naît de la sécularisation des cohérences chrétiennes ; il pratique une théologie profane, en transposant sur terre la Majesté divine. Marcel Gauchet a su montrer comment ce passage, loin de constituer une simple dégradation, se trouvait inscrit dans l'originalité de l'incarnation chrétienne : « Le christianisme est la religion de la sortie de la religion. » Au-delà de la pensée propre de Weber, la recherche d'une définition de la sacralité immanente constitutive du lien social, habite les mentalités européennes de la première moitié de ce siècle.

En effet, dans les *Deux Corps* et dans les travaux qui le préparent, Kantorowicz, en cherchant les voies d'une cohésion laïque de la communauté politique, avant même la formulation de l'idée de nation ou de patrie, rejoint une interrogation dont on trouve les premières traces dans la sociologie de Durkheim et de Mauss, relayés en Allemagne par Max Weber, Georg Simmel et Tönnies : qu'est-ce qui constitue le lien social ? Mauss, en disciple de Durkheim, répondait qu'une société se définit « par sa volonté d'être une ». Durkheim, dans des analyses magistrales, avait montré que le sacré et le social se confondaient en s'impliquant mutuellement, bien à l'écart du religieux transcendant ou vertical.

Kantorowicz répond à cette interrogation, en analysant la théologie politique du Moyen Âge. Par là, il rejoint assez précisément l'effort théorique, en France de Georges Bataille et de son Collège de Sociologie des années 1937-1939, fondé, avec l'aide de Michel Leiris et de Roger Caillois, au moment de la désagrégation du Front populaire, en vue de comprendre la réalité du collectif. Des exilés de l'université de Francfort, venus d'un bord opposé à celui de Kantorowicz, Adorno et Horkheimer, assistaient à certaines séances du Collège.

Georges Bataille, dans une conférence de 1937, définit ce qu'il appelle une « sociologie sacrée », guère différente, en son principe de l'étude de la théologie politique : « La sociologie sacrée n'est pas pour nous simplement une partie de la sociologie telle que l'est, par exemple, la sociologie religieuse avec laquelle on risque de la confondre. La sociologie sacrée peut être considérée comme l'étude non seulement des institutions religieuses, mais de l'ensemble du mouvement *communiel* de la société : c'est ainsi qu'elle regarde entre autres comme son objet propre le pouvoir et l'armée et qu'elle envisage toutes les activités humaines – sciences, arts et techniques – en tant qu'elles ont une valeur communielle au sens actif du mot, c'est-à-dire en tant qu'elles sont créatrices d'unité... Je dois insister, dès l'abord, sur ce fait que la sociologie sacrée, étant ainsi entendue, elle suppose résolue la question de l'être : elle est même plus exactement une réponse à cette question. Elle admet qu'il existe, en plus des individus qui composent la société, un mouvement d'ensemble qui en transforme la nature. Elle s'écarte donc de toute conception d'après laquelle l'existence sociale n'ajouterait aux individus que des contrats, c'est-à-dire exactement aux conceptions sur lesquelles repose l'ensemble de la culture actuelle : il serait même surprenant qu'elle ne soit pas en contradiction avec les réactions mentales (sinon avec les partis pris) de la plupart d'entre nous. » Plus loin, Bataille, recourant à une imagerie dérivée de la physique, annonce, sous une forme faussement banale, la thématique du double corps, que Kantorowicz, quelques années plus tard déchiffrera dans le fatras des juristes élisabéthains : « Une molécule présente le même aspect double : elle est d'une part un nombre donné d'atomes qui la composent (qui pourraient exister seuls), d'autre part la molécule, c'est-à-dire quelque chose qui diffère de beaucoup d'atomes tout à fait semblables mais qui ne seraient pas réunis en formation moléculaire. » Par ce biais, Bataille, l'homme de la transgression, le compagnon de route des surréalistes, retrouve l'interrogation sur la patrie qui, chez Kantorowicz, subsistait de l'héritage conservateur : « Dans ces conditions, il cesse d'être paradoxal de parler de la société comme d'un être : tout au contraire, le paradoxe est de s'écrier ironiquement "Vérité en deçà des Pyrénées…" et non de reconnaître – hostile ou séduit – l'existence de la patrie, du drapeau, qui limite effectivement les bornes mentales de tous ceux qui la constituent. » Cette réflexion conduit Bataille, dans une autre conférence, à passer de la description du communiel à l'éloge de la « communauté élective », bien distincte de la communauté traditionnelle, dont les traits, là encore, évoquent la forme du cercle que chérissait Kantorowicz : « Comment, face aux réalités du monde actuel, est-il possible à l'homme de la tragédie d'imposer silence à ce qui l'entoure ? Je réponds que l'empire auquel appartient l'homme de la tragédie peut être réalisé par le moyen de la communauté élective et j'ajoute qu'il ne peut être réalisé que par ce moyen ; j'admets que la "communauté élective" ou "société secrète" est une forme d'organisation secondaire qui possède des caractères constants et à laquelle le recours est toujours possible, lorsque l'organisation primaire de la société ne peut plus satisfaire toutes les aspirations qui se font jour. »

Le parallélisme des problématiques et des langages ne se réduit pas à l'homologie de deux sensibilités particulières ; le souci vital du collectif dessine les traits d'une mentalité elle-même collective, dans la première moitié du XX^e siècle. L'interrogation sur le collectif ne peut être cantonnée dans une idéologie, ni dans une orientation. Durkheim et Mauss partagent le langage des ligues fascistes « solidaristes » ; le vocabulaire des personnalistes chrétiens, pour la plupart acquis très tôt à la Résistance, rejoint le discours pétainiste. Précisément, les mentalités collectives se repèrent à cet aspect inévitable du lexique, à partir duquel peuvent se former des propositions diverses ou opposées. La thématique du collectif se trouvait à la tangence des univers de croyance et de discours.

Cette volonté de retrouver la nature profonde du lien social en deçà du contrat a pu, aux yeux de certains, faire passer Kantorowicz pour l'héritier d'une tradition allemande d'adoration de l'État, contre la notion contractuelle de souveraineté populaire, issue des Lumières et de la Révolution française. La mystique laïque qui construit l'État, dans les *Deux Corps*, transcrirait, chez l'historien, la nostalgie de l'État autoritaire. Certes, on l'a vu, cette problématique n'impliquait aucune orientation, mais relevait d'une attitude intellectuelle collective. Certes, la critique de la notion fondatrice de contrat avait déjà été exprimée par Durkheim dans *La division du travail social* (1893) et par Mauss, dans son *Essai sur le don* (1932-1934) : le contrat implique le corps social ; il ne peut donc en être l'origine.

Mais ce souci nous conduit aussi à une seconde version de la « théologie politique », présente dans l'œuvre d'un juriste allemand, Carl Schmitt, qui pencha ouvertement pour le nazisme et qui fut un des théoriciens de l'État total. Or c'est Carl Schmitt qui inventa la notion de théologie politique dans un petit ouvrage qui porte ce titre, publié en 1922. L'orientation de cet ouvrage paraît claire : elle se fonde sur une critique du parlementarisme et plus généralement des théories de la souveraineté populaire. Schmitt montre que l'État ne peut se fonder sur la norme du droit ; en amont de l'organisation étatique, il faut repérer la souveraineté, définie comme pure décision : « Est souverain celui qui décide de la situation exceptionnelle. » La situation exceptionnelle, par définition, ne peut relever du droit qui ne la prévoit pas. Qui décide alors ? L'autorité, fondée elle-même sur la structure essentielle du politique, c'est-à-dire la distinction entre ami et ennemi. La communauté, groupée hiérarchiquement sous l'autorité capable de désigner les amis et les ennemis, la laisse trancher sur l'exception ; le droit ne vient qu'ensuite pour la gestion de la situation normale. Que signifie alors la notion de théologie politique ? Elle fait apparaître que cette structure de la souveraineté laïcise la domination religieuse : la situation exceptionnelle est l'équivalent du miracle. En citant le juriste français Atger, Schmitt précise l'analogie : « Le prince développe toutes les virtualités de l'État par une sorte de création continuelle. Le prince est le dieu cartésien transposé dans le monde politique. » Cette laïcisation ne fait que prolonger et étendre la théologie proprement chrétienne, comme le montre le recours de Schmitt aux théoriciens contre-révolutionnaires du XIXe siècle : Bonald, Maistre, Donoso Cortès. On imagine assez bien où conduit cette conception « décisionniste » et autoritaire de la souveraineté, dans le contexte de 1922.

Peut-on établir un rapport entre la notion de théologie politique telle que l'entend Schmitt et celle de Kantorowicz ? La question ne relève pas d'une simple curiosité sur les sources et les influences : il s'agit de savoir si l'orientation réactionnaire de Kantorowicz sous la République de Weimar s'est cristallisée et fixée dans sa pratique d'historien, si la pensée, en ce cas, constitue une façon de poursuivre la lutte politique par d'autres moyens. On sait que la question du rapport entre l'engagement nazi d'Heidegger et sa philosophie a été récemment soulevée, sans être résolue.

Chez Kantorowicz, l'expression de théologie politique apparaît pour la première fois dans un article de 1952, publié par la *Harvard Review of Theology*, intitulé « *Deus per naturam, Deus per gratiam*. Note sur la théologie politique du Moyen Âge ». Aucune référence ne justifie l'emploi de l'expression. La notion fait un retour explicite un peu plus tard, dans une conférence prononcée en 1953 et publiée en 1955, toujours dans la même revue, « Mystères de l'État. Un concept absolutiste et ses origines médiévales (bas Moyen Âge) » : « Sous l'impact de ces échanges entre glossateurs et commentateurs canonistes et civilistes – presque inexistants au début du Moyen Âge – apparaît quelque chose qui sera alors appelé "Mystères de l'État", et qui, de nos jours, est souvent désigné sous le terme général de "Théologie politique". » Une note commente le terme : « Cette expression, longuement discutée au début des années 30 en Allemagne, a été rendue populaire, si je ne me trompe, par une étude de Georges La Piana, *Political Theology, The Interpretation of History* (Princeton, 1943). » Kantorowicz, malgré sa discrétion, connaissait donc bien l'emploi du terme par Carl Schmitt. L'allusion au débat des années 30 évoque sans doute la violente dénonciation, en 1935, du livre de Schmitt par le théologien Erik Peterson qui voulait liquider la notion en montrant l'impossibilité d'une théologie politique à l'intérieur de la doctrine chrétienne.

La référence à l'œuvre de Schmitt paraît donc certaine. Et le biographe se prend à douter : Kantorowicz, malgré l'exil, malgré Berkeley, n'est-il pas resté foncièrement un adorateur de l'État fort, l'enfant éternel du Père prussien ? L'admirable puissance d'analyse des *Deux Corps* ne procède-t-elle pas de la ruse avec les démons intérieurs, moins exorcisés qu'habillés décemment ? Il faut peut-être renoncer à l'apologie et se contenter des bénéfices de la tâche perverse et des compromis qu'elle implique : en poursuivant avec obstination sa trajectoire réactionnaire, Kantorowicz a su désigner des formes et des processus qu'un esprit plus innocent n'aurait pu voir. Le soupçon demeure et pourrait susciter une autre narration, plus simple, celle de la vie d'un jeune homme de la bourgeoisie prussienne que seule sa judéité aurait écarté, malgré lui, de sa vocation conservatrice. Gardons ce doute sur l'homme et reprenons le fil de son œuvre.

Entre 1952 et 1957, la théologie politique, pour Kantorowicz, a pris un sens plus vaste et ne se limite pas au processus de captation absolutiste des ressources de l'Église en matière de pouvoir ; elle désigne, dans la longue durée, jusqu'à Kantorowicz lui-même, la capacité de l'homme à faire vivre sur terre la cohésion donnée par une révélation et particulièrement par le dogme de l'Incarnation, fondateur de la théologie elle-même ; seule une religion du Dieu-homme peut créer une théologie, une science immanente de la divinité qui ne relève pas d'une révélation supplémentaire (la mystique).

En fait Kantorowicz inverse le sens de la notion schmittienne : la théologie politique ne fournit pas l'arme autoritaire aux souverains profanes, car ils la possèdent déjà ; elle les contraint à jouer sur le modèle de l'incarnation (la coprésence de l'immortel et du mortel) pour donner une forme pensée à leur pouvoir. La théologie politique utilise le moment de l'incarnation comme modèle d'une fiction libératrice qui affirme l'inaliénable et sacrée dignité de l'homme en deçà et au-delà de son existence naturelle. Les juristes de la fin du Moyen Âge font passer le fonctionnement de la fiction religieuse dans le domaine profane. C'est en ce sens que l'aboutissement possible du processus est déjà inscrit dans l'humanisme de Dante, qui suggère la coprésence d'une nature perpétuelle (l'idée d'homme) et d'une nature mortelle (l'individu). Kantorowicz restitue aux juristes royaux ou impériaux la grande fonction libératrice du droit romain : créer des fictions qui arrachent l'homme aux pressions directes de la nature, de la force et du groupe. À l'inverse, les juristes nazis éliminaient toute fiction du droit ; les lois de Nuremberg, en 1935, décrivaient la « nature » aryenne et la « nature » juive ; elles incluaient dans leurs décrets d'application, multipliés jusqu'au nombre de 250, les tables de Mendel. Le droit nazi, de nature purement administrative, nie sa propre existence.

À l'inverse, la théologie politique de Kantorowicz définit l'homme comme un être capable d'émettre un langage fondateur, créateur. Le lien social se constitue par la fiction, dans le langage de la rationalité, inspirée du modèle intellectuel, et non substantiel de la religion. L'aspect parfaitement profane et formel de cette saisie politique du religieux peut aussi s'exprimer sur un registre de dérision sérieuse selon une version complémentaire qu'on empruntera au romancier Milan Kundera. Dans son recueil *Risibles Amours*, la nouvelle « Édouard et Dieu » raconte comment, dans la Tchécoslovaquie communiste des années 50, un jeune homme, Édouard, résout miraculeusement ses difficultés sociales et amoureuses grâce à un malentendu qui le fait passer pour un dévot chrétien : dès lors, martyr de sa foi, ou bien porteur d'un défi obscurantiste à relever, Édouard, par son mimétisme religieux, passe de la petite tactique servile à un art grandiose de la position et du terrain : « Non, soyez sans crainte, Édouard n'a pas trouvé la foi ; je n'ai pas l'intention de couronner mon récit par un paradoxe aussi flagrant. Mais tout en étant presque certain que Dieu n'existe pas, Édouard tourne volontiers dans sa tête, et avec nostalgie, l'idée de Dieu. Dieu, c'est l'essence, tandis qu'Édouard n'a jamais rien trouvé d'essentiel ni dans ses amours, ni dans son métier, ni dans ses idées. Il est trop honnête pour admettre qu'il trouve l'essentiel dans l'inessentiel, mais il est trop faible pour ne pas désirer secrètement l'essentiel. Ah, mesdames et messieurs, comme il est triste de vivre quand on ne peut rien prendre au sérieux, rien, ni personne ! C'est pourquoi Édouard éprouve le désir de Dieu, car seul Dieu est dispensé de l'obligation de paraître et peut se contenter d'être ; car lui seul constitue (lui seul, unique et non existant) l'antithèse essentielle de ce monde d'autant plus existant qu'il est inessentiel. Donc Édouard vient de temps à autre s'asseoir à l'église et lève vers la coupole des yeux rêveurs. C'est à un tel moment que nous prendrons congé de lui : l'après-midi s'achève, l'église est silencieuse et déserte, Édouard est assis sur un banc de bois et il se sent triste à l'idée que Dieu n'existe pas. Mais en cet instant, sa tristesse est si grande qu'il voit émerger soudain de sa profondeur le visage réel et vivant de Dieu. Regardez ! C'est vrai ! Édouard sourit ! Il sourit et son sourire est heureux... Gardez-le dans votre mémoire, s'il vous plaît, avec ce sourire. »

Ce même sourire flotte sur le visage austère du savant de Princeton, plus authentique que l'inscription latine du livre mémorial, dont il se détourne, avec la même ironie que le moine Liuthar observant la majesté céleste d'Othon, inventée pour l'empereur, mais aussi en mémoire de l'humble artiste. En représentant la fiction divine, Liuthar, Ernst et Édouard glissent du sens, des formes humaines, dans la substance inerte du monde et de l'apparat.

L'histoire constituait, pour Kantorowicz, patriote apatride, non pas une fin, mais le moyen de s'inventer une histoire vraie, légitimée par d'autres histoires passées et à venir. C'est-ce mélange de l'obsession singulière et de l'objectivité érudite qui fait la grandeur et l'étrangeté de Kantorowicz : il ne fut pas un maître : nulle théorie, nulle méthode, nul champ d'étude ouvert à d'autres. Sa recherche se referme en chaque article, en chaque livre, où toutes les sources mobilisées se consomment sans reste. Mais il communique à qui le lit la passion du sens : un dieu en uniforme, une flagornerie de courtisan sur l'immortalité du roi, une trinité à cinq ne renvoient pas à l'épaisseur sauvage des mentalités anciennes, mais à un souci existentiel qui ne peut travailler que sur les données d'un temps ; ainsi s'élabore, à partir des configurations historiques, une « structure de la conjoncture », selon le terme de l'anthropologue Marshall Sahlins. L'historien ou l'anthropologue n'aiment vraiment leur pratique que s'ils s'agitent constamment entre le passé et le présent, le lointain et le proche, l'immuable et le changeant. Le moment émouvant de l'histoire se trouve dans ces interstices visités par Kantorowicz, entre les blocs impersonnels des déterminations et la preste poussière des événements.

Kantorowicz fut un grand médiéviste sans doute parce que le Moyen Âge offre les conditions idéales pour cette histoire des configurations. Que l'on me pardonne un chauvinisme corporatif, acquis véhémentement et tardivement, en partie au contact de l'œuvre de Kantorowicz. Le Moyen Âge déroule devant l'historien un tissu troué où, sur une trame grossière, les détails les plus circonstanciés côtoient des lacunes

considérables. En cette époque du commentaire infini, la navette herméneutique glisse sans fin dc la lettre à l'esprit, de l'esprit à la lettre,
selon un mouvement qu'imite l'historien qui, comme Kantorowicz, se
rêve à la fois médiéval et contemporain, en ruminant le détail rare et
énigmatique. Aby Warburg, si proche de Kantorowicz dans sa saisie
passionnelle du passé, aimait à répéter un adage qui donne une autre
version possible de la théologie politique : « Dieu est dans le détail. »
En laïcisant ce propos de mystique incroyant, Jorge Luis Borges disait :
« L'érudition est la forme moderne du fantastique. »

# Repères bibliographiques

Il n'est pas question de donner une liste des ouvrages utilisés dans cet essai. On se contentera d'indiquer, chapitre par chapitre, quelques titres essentiels et les sources des citations, quand elles n'apparaissent pas avec évidence. Les traductions ont parfois été légèrement modifiées.

Mais je dois d'abord signaler que les problèmes historiographiques qui surgissent çà et là dans ce livre ont été discutés depuis des années avec Daniel Milo, qui en a suivi de près l'élaboration. Jacques Revel reconnaîtra peut-être aussi certains de nos débats. À Yan Thomas, je dois des analyses de la notion de fiction juridique. Je remercie aussi Marie-Madeleine Charlier, Christian Jouhaud et Aline Rousselle pour leur aide. Pour la révision de la présente édition, j'ai bénéficié de suggestions de lecteurs : André Burguière, Roger Chartier, Françoise Cibiel, Jean-Louis Panné, Gilles Veinstein.

## Histoires d'un historien, Kantorowicz

Sur la vie de Kantorowicz (jusqu'en 1938), l'ouvrage essentiel est celui d'Eckhart GRÜNEWALD, *Ernst Kantorowicz und Stefan George. Beiträge zur Biographie des Historikers bis zum Jahre 1938 und zu seinem Jugendwerk « Kaiser Friedrich der Zweite »*, Wiesbaden, 1982. On se reportera à sa bibliographie pour d'autres sources.
Voir aussi Ralph E. GIESEY, « Ernst H. Kantorowicz : Scholarly Triumphs and Academic Travails in Weimar Germany and the United States », *Publications of the*

*Leo Baeck Institute*, Yearbook 30, 1985, pp. 191-202. Les archives de Kantorowicz sont conservées au Leo Baeck Institute de New York.

Eckhart GRÜNEWALD, « Biographisches Nachwort », postface de E.K. Kantorowicz, *Kaiser Friedrich der Zweite. Ergänzungsband*, Stuttgart, 1994, pp. 353-373.
Robert L. BENSON et Johannes FRIED (sous la direction de), *Ernst Kantorowicz. Erträge der Doppeltagung*, Stuttgart, Franz Steiner, 1997 (voir notamment les articles de Robert Lerner et Otto Gerhard Oexle).

## Visite au monument E.K.

Gershom SCHOLEM, *La Kabbale et sa symbolique*, trad. J. Boesse, Paris, 1966.

## Corps caché

Peter GAY, *Weimar Culture*, Londres, 1968, trad. *Le Suicide d'une République. Weimar 1918-1933*, Paris, 1995.
Hugo von HOFMANSTHAL, « Napoléon », dans *Lettres de Lord Chandos et autres essais*, trad. A. Kohn et J.-C. Schneider, Paris, 1980.
Wolf LEPENIES, *Les trois cultures. Entre science et littérature, l'avènement de la sociologie*, trad. H. Plard, Paris, Éditions de la Maison des Sciences de l'Homme, 1990.
Leo PERUTZ, *La Neige de saint Pierre*, trad. J.-C. Capèle, Paris, 1987.

## Incorporation

Ernst JÜNGER, *L'État universel. La mobilisation totale*, trad. H. Plard et M. de Launay, Paris, 1990.
Ernst von SALOMON, *Les Réprouvés*, trad. A. Vaillant et J. Huckenburg, Paris, 1930.
Carl SCHMITT, *La Notion de politique. Théorie du partisan*, trad. M.L. Steinhauser, Paris, 1972.

## Corps perdu

Isaiah FRIEDMAN, *Germany, Turkey and Zionism, 1897-1918*, Oxford, 1977.
William HAGEN, *German, Poles and Jews. The Nationality Conflict in the Prussian East. 1772-1914*, Chicago, 1970.
Colin HEYWOOD, « Boundless Dreams of the Levant : Paul Wittek, the George-Kreis and the Writing of Ottoman History », *Journal of the Royal Asiatic Society of Great Britain and Ireland*, 1989, 1, pp. 32-50.

Rudolf JAWORSKY, *Handel und Gewerbe im Nationalitätenkampf*, Göttingen, 1986.

Ezra MENDELSOHN, *Zionism in Poland. The Formative Years. 1915-1926*, New Haven, 1981.

Edyla POLCZYNSKA, *Im polnischen Wind*, Poznan, 1988.

Hans Jakob SCHMITZ, *Geschichte des Netze-Warthelandes*, Leipzig, 1941.

Gershom SCHOLEM, *De Berlin à Jérusalem. Souvenirs de jeunesse*, trad. S. Bollack, Paris, 1984.

Anton SOMMER, *Die deutsche Branntweinwirtschaft in den Nachkriegsjahren*, Emsdetten, 1937.

Ernst TOLLER, *Une jeunesse en Allemagne*, Lausanne, 1974.

Hermann UNGAR, « Le voyageur en vins », dans *Le Voyage de Colbert*, trad. F. Rey, Toulouse, 1989.

## Corps étranger

Franz L. NEUMANN, Henry PEYRE, Erwin PANOFSKY, Wolfgang KÖHLER et Paul TILLICH, *The Cultural Migration. The European Scholars in America*, Philadelphie, 1953.

Ellen W. SCHRECKER, *No Ivory Tower. McCarthyism and the Universities*, New York – Oxford, 1986.

## Double corps

Marcel GAUCHET, *Le Désenchantement du monde. Une histoire politique de la religion*, Paris, 1985.

Denis HOLLIER, *Le Collège de Sociologie*, Paris, 1979.

Arpad KADARKAY, *Georg Lukacs. Life, Thought and Politics*, Cambridge (Mass.), 1991.

Milan KUNDERA, *Risibles Amours*, trad. F. Kerel, Paris, 1970.

# TABLE DES MATIÈRES

# COLLECTION HISTOIRE

## CLASSEMENT CHRONOLOGIQUE

### [Généralités sur l'Histoire]

[H 128]  Gérard DELILLE, *L'Économie de Dieu. Famille et marché entre christianisme, hébraïsme et islam*

[H 88]  Kurt FLASH, *Prendre congé de Dilthey. Que serait un néohistorisme en histoire de la philosophie ?* suivi de *Congé à Dilthey*

[H 137]  David. S. LANDES, *L'Heure qu'il est. Les Horloges, la mesure du temps et la formation du monde moderne*

[H 8]  Daniel Shabetaï MILO, *Trahir le temps (Histoire)*

[H 10]  Daniel Shabetaï MILO & Alain BOURREAU, *Alter Histoire. Essais d'histoire expérimentale*

### [Généralités sur l'Antiquité]

[H 102]  Polymnia ATHANASSIADI, *Vers la pensée unique. La montée de l'intolérance dans l'Antiquité classique*

[H 7]  Jérôme CARCOPINO, *Les Bonnes Leçons*

[H 3]  Moses Immanuel FINLEY, *On a perdu la guerre de Troie. Propos et polémiques sur l'Antiquité*

[H 33]  Peter GARNSEY, *Famine et approvisionnement dans le monde gréco-romain. Réactions aux risques et aux crises*

[H 68]  Peter GARNSEY, *Conceptions de l'esclavage d'Aristote à saint Augustin*

[H 118]  Peter GARNSEY, *Penser la propriété. De l'Antiquité jusqu'à l'ère des révolutions*

[H 28]  Fritz GRAF, *La Magie dans l'Antiquité gréco-romaine. Idéologie et pratique*

[H 1]  Pierre GRIMAL, *Les Erreurs de la liberté*

[H 114]  Alfredo LÓPEZ AUSTIN & Leonardo LÓPEZ LUJÁN, *Le Passé indigène. Histoire pré-coloniale du Mexique*

[H 31]  Einar MÁR JÓNSSON, *Le Miroir. Naissance d'un genre littéraire*

[H 64]  Ramsay MACMULLEN, *Les Émotions dans l'Histoire, ancienne et moderne*

[H 15]  Arnaldo MOMIGLIANO, *Les Fondations du savoir historique*

[H 135]  Vivian NUTTON, *La Médecine antique*

[H 84]  Louis ROBERT, *Choix d'écrits*

[H 66]  Youval ROTMAN, *Les Esclaves et l'esclavage. De la Méditerranée antique à la Méditerranée médiévale (VIe-XIe siècles)*

[H 39]  Aline ROUSSELLE, *La Contamination spirituelle. Science, droit et religion dans l'Antiquité*

[H 17]  Édouard WILL & Claude ORRIEUX, *« Prosélytisme juif » ? Histoire d'une erreur*

### [L'Extrême Orient]

[H 104]  Damien CHAUSSENDE, *Des Trois royaumes aux Jin. La légitimation du pouvoir impérial en Chine au IIIe siècle*

[H 129]  Cédric FERRIER, *L'Inde des Gupta (IVe-VIe siècle)*

[H 109]  Pierre MARSONE, *La Steppe et l'Empire. La formation de la dynastie Khitan (Liao). IVe-Xe siècles*

[H 119]  Yuri PINES, *L'Invention de la Chine éternelle. Comment les maîtres-penseurs des Royaumes combattants ont construit l'empire le plus long de l'histoire (v*-*iii* siècles avant J.-C .)*

[H 136]  Michèle PIRAZZOLI-T'SERSTEVENS & Marianne BUJARD, *Les Dynasties Qin et Han. Histoire générale de la Chine (221 av. J.-C. - 220 apr. J.-C.)*

## [Histoire Grecque]

[H 77]  Alain DUPLOUY, *Le Prestige des élites. Recherches sur les modes de reconnaissance sociale en Grèce entre les x* et *v* siècles avant J.-C.*

[H 74]  Pierre ELLINGER, *La Fin des maux. D'un Pausanias à l'autre. Essai de mythologie et d'histoire*

[H 76]  Christian HABICHT, *Athènes hellénistique. Histoire de la cité d'Alexandre le Grand à Marc Antoine*

[H 25]  Mogens Herman HANSEN, *La Démocratie athénienne à l'époque de Démosthène. Structures, principes et idéologie*

[H 50]  Mogens Herman HANSEN, Polis *et cité-État. Un concept antique et son équivalent moderne*

[H 92]  Mogens Herman HANSEN, Polis. *Une introduction à la cité grecque*

[H 5]  Victor Davis HANSON, *Le Modèle occidental de la guerre. La bataille d'infanterie dans la Grèce classique*

[H 36]  Jean IRIGOIN, *Tradition et critique des textes grecs*

[H 57]  Nicole LORAUX (dir.), *La Grèce au féminin*

[H 63]  John MA, *Antiochos III et les cités de l'Asie Mineure occidentale*

[H 42]  Irad MALKIN, *La Méditerranée spartiate. Mythe et territoire*

[H 9]  Christian MEIER, *De la tragédie grecque comme art politique*

[H 79]  Charalampos ORFANOS, *Les Sauvageons d'Athènes ou la didactique du rire chez Aristophane*

[H 112]  Stéphane RATTI, *Polémiques entre païens et chrétiens*

[H 113]  Nicolas RICHER, *La Religion des Spartiates. Croyances et cultes dans l'Antiquité*

[H 53]  Annie SCHNAPP-GOURBEILLON, *Aux origines de la Grèce (xiii*-*viii* siècles avant J.-C.). La genèse du politique*

[H 70]  Pierre VIDAL-NAQUET, *Le Miroir brisé. Tragédie athénienne et politique*

[H 72]  Pierre VIDAL-NAQUET, *L'Atlantide. Petite histoire d'un mythe platonicien*

## [Histoire Romaine]

[H 95]  Maria Grazia BAJONI, *Les Grammairiens lascifs. La grammaire à la fin de l'Empire romain*

[H 117]  Véronique BOUDON-MILLOT, *Galien de Pergame. Un médecin grec à Rome*

[H 19]  André CHASTAGNOL, *Le Sénat romain à l'époque impériale. Recherches sur la composition de l'Assemblée et le statut de ses membres*

[H 97]  Pierre CHUVIN, *Chronique des derniers païens. La disparition du paganisme dans l'Empire romain, du règne de Constantin à celui de Justinien*

[H 27]  Eugen CIZEK, *L'Empereur Aurélien et son temps*

[H 11]  Alexandre GRANDAZZI, *La Fondation de Rome. Réflexion sur l'Histoire*

[H 14]  Ramsay MACMULLEN, *Le Déclin de Rome et la corruption du pouvoir*

[H 58]  Ramsay MACMULLEN, *La Romanisation à l'époque d'Auguste*

[H 13]    Régis François MARTIN, *Les Douze Césars. Du mythe à la réalité*

[H 32]    Jean-Marie PAILLER, *Bacchus. Figures et pouvoirs*

[H 101]   Rose Mary SHELDON, *Renseignement et espionnage dans la Rome antique*

[H 110]   Giusto TRAINA, *Carrhes, 9 juin 53 avant J.-C. Anatomie d'une défaite*

[H 2]     Robert TURCAN, *Les Cultes orientaux dans le monde romain*

[H 24]    Robert TURCAN, *Mithra et le mithriacisme*

[H 6]     Zvi YAVETZ, *César et son image. Des limites du charisme en politique*


## [Antiquité tardive]

[H 134]   Peter BROWN, *À travers un trou d'aiguille. La richesse, la chute de Rome et la formation du christianisme*

[H 40]    Ramsay MACMULLEN, *Christianisme et paganisme du IV^e au VIII^e siècle*

[H 89]    Ramsay MACMULLEN, *Voter pour définir Dieu. Trois siècles de conciles (253-553)*

[H 127]   Éric REBILLARD, *Les Chrétiens de l'Antiquité tardive et leurs identités multiples*

[H 108]   Suzanne TEILLET, *Des Goths à la nation gothique. Les origines de l'idée de Nation en Occident du V^e au VII^e siècle*

[H 99]    Giusto TRAINA, *428. Une année ordinaire à la fin de l'Empire romain*


## [Histoire Médiévale]

[H 126]   Thomas N. BISSON, *La Crise du XII^e siècle. Pouvoir et seigneurie à l'aube du gouvernement européen*

[H 22]    Alain BOUREAU, *L'Événement sans fin. Récit et christianisme au Moyen Âge*

[H 62]    Alain BOUREAU, *La Loi du royaume. Les moines, le droit et la construction de la nation anglaise (XI^e-XIII^e siècles)*

[H 80]    Alain BOUREAU, *La Religion de l'État. La construction de la République étatique dans le discours théologique de l'Occident médiéval (1250-1350)*

[H 85]    Alain BOUREAU, *L'Empire du livre. Pour une histoire du savoir scolastique (1200-1380)*

[H 93]    Alain BOUREAU, *De vagues individus. La condition humaine dans la pensée scolastique*

[H 94]    Alain BOUREAU, *Théologie, science et censure au XIII^e siècle. Le cas de Jean Peckham*

[H 103]   Alain BOUREAU, *L'Inconnu dans la maison. Richard de Mediavilla, les franciscains et la vierge Marie à la fin du XIII^e siècle*

[H 125]   Alain BOUREAU, *Le Désir dicté. Histoire du vœu religieux dans l'Occident médiéval*

[H 133]   Alain BOUREAU, *L'Errance des normes. Éléments d'éthique scolastique (1220-1320)*

[H 132]   Gianluca BRIGUGLIA, *Le Pouvoir mis à la question. Théologiens et théorie politique à l'époque du conflit entre Boniface VIII et Philippe le Bel*

[H 121]   Arsenio FRUGONI, *Arnaud de Brescia dans les sources du XII^e siècle*

[H 123]   Arsenio FRUGONI & Chiara FRUGONI, *Une journée au Moyen Âge*

[H 111]   Chiara FRUGONI, *Le Moyen Âge sur le bout du nez. Lunettes, boutons et autres inventions médiévales*

[H 131]   Chiara FRUGONI, *Le Moyen Âge par ses images*

[H 105]   Joseph GOERING, *La Vierge et le Graal. Les origines d'une légende*

Composition et mise en pages
Nord Compo à Villeneuve-d'Ascq

*Ce volume,*
*le cent quarante-deuxième*
*de la collection « Histoire »*
*publié aux Éditions Les Belles Lettres,*
*a été achevé d'imprimer*
*en décembre 2017*
*sur les presses*
*de la Manufacture imprimeur*
*52200 Langres*

*N° d'éditeur : 8782*
*N° d'imprimeur : 171294*
*Dépôt légal : janvier 2018*